LA CUBANIDAD
57 AUTORES, 57 DEFINICIONES

LA CUBANIDAD
57 AUTORES, 57 DEFINICIONES

Compilación y prólogo de
ÁNGEL VELÁZQUEZ CALLEJAS

Ediciones Exodus

La Cubanidad. 57 Autores, 57 definiciones
© Compilación y prólogo de Ángel Velázquez Callejas

Primera edición: octubre de 2017
© De la presente edición: Ediciones Exodus, 2017
    Editor: Ángel Velázquez Callejas
    Dirección de arte: Roger Castillejo Olán
    Postales-ilustraciones: *Archivos Guantanameros* de Augusto Lemus Martínez

Edición conmemorativa para la **I Convención de la Cubanidad**, enero del 2018

Libro publicado con la colaboración del

Instituto Cubano de Ciencias Culturales de la Diáspora
www.cienciasculturales.com

ISBN-13: 978-1978175655
ISBN-10: 1978175655

Sumario

La cubanidad ante la cercanía, la proximidad y la lejanía

Confieso que no es fácil definir claramente esta palabra; y en vez de valerme de definiciones imperfectas y oscuras, me serviré de ejemplos y diré: que todo el pueblo que habita un mismo suelo y tiene un mismo origen, una misma lengua, y unos mismos usos y costumbres, ese pueblo tiene una nacionalidad. Ahora bien: ¿no existe en Cuba un pueblo que procede del mismo origen, habla la misma lengua, tiene las mismas costumbres, y profesa además una sola religión, que aunque como a otros pueblos, no por eso deja de ser uno de los rasgos que más le caracterizan? Negar la nacionalidad cubana, es negar la luz del sol de los trópicos en punto de mediodía.

José Antonio Saco
*Ideas sobre la incorporación de Cuba
en los Estados Unidos y Réplica*

Este libro no pretende la tesis académica, tampoco el estudio y profundidad de la investigación cultural. Procura, según las características del tema, jugar con la fragilidad de los acontecimientos íntimos de cada autor (micro-prosas) exponer, en sentido general, los accidentes geo-históricos y culturales de la *cubanidad*. La presente edición, cuyo contenido versa sobre las más variadas definiciones y descripciones acerca de la *Cubanidad*, abre el diapasón desde las más negativas e histriónicas de las formulaciones hasta las más patrióticas y democráticas de las argumentaciones. 57 autores cubanos de la diáspora y Cuba narran para poner en pie de guerra y estrés un plebiscito reflexivo en virtud del sentido de la *cubanidad*, y también una ética y estética que es un plebiscito por la *libertad de expresión*. Cada autor expone desde su punto de vista la experiencia y el imaginario. El experimento publicitario de las definiciones y las descripciones tuvo lugar primero en la edición digital del Instituto Cubano de Ciencias Culturales de la Diáspora (ICCCD)

Tal y como Arturo Carricarte escribió en 1934 *La Cubanidad negativa del apóstol Martí* para defender la obra del Maestro de los *domingueros opionadores*, desde 1940 la sociedad cubana vino asumiendo el recurso retórico exclusivo en función de exponer qué cosa podía caracterizar la *cubanidad* o *cubanía* para mantener viva la llama de unidad de la conciencia colectiva de la nación. Las diversas descripciones y definiciones que el libro contiene en sus páginas, las cuales tendremos el gusto de leer en esta ilustrada edición, darán cuenta de por qué el cuerpo político y social de la nación, ante y después de 1959, se sostiene sobre la base de la ficción metafórica de la retórica plebiscita.

Si se considera cualquiera descripción de *cubanidad* (negativa y patriótica) un plebiscito *en nuce*, el campo de la libertad en Cuba cae, por esencia, en la *calidad* ontológica del ser cubano. En este sentido, nunca deja de provocar tensión, sociedad y cultura la difusión de imágenes, poemas y prosas que arguyan elementos literarios y políticos sobre el contenido *Cubanidad*.

¿Cuál sería el significado de *cu-ba-ni-dad*? Me pregunto, el significado lingüístico y poético. Una entelequia para designar algo que, según la gramática, no contiene un significado en sí, pero juega una función de signo. Señala y apunta en…La primera vez que se mencionó la palabra como tal fue en la primera mitad del siglo XIX. Se compuso de verbo transitivo: *nidad*. Delega en un movimiento que empuja hacia adelante. Para Joseph de Rivera en su *Descripción,* lo cubano se reducía a transitar a pie y a caballo por el paisaje de la isla. La cubanidad nace como el amor palpable al *espacio grande*, luego al *espacio chico*.

No se trata de avalar el discurso *ideologizante*, patriótico y romántico de la temporalidad de la nacionalidad recurrente mediante el lenguaje folclorista, amañado de universalidad; se trata, por otra parte, del relato nunca antes narrado por la historicidad: la nacionalidad, el exilio y la diáspora esperan por el estudio de una clasificación ontológica del *ser en el espacio*. Si por alguna razón, (política, económica, social), andamos fuera del *lugar de origen*, de la proximidad natural, es porque el *dasein cubano* constituye una criatura *para lo itinerante*, edificada en una metódica de la animación. Esto tiene, desde luego, una posible explicación en la siguiente hipótesis:

Por la forma de existir en la proximidad, podemos aguantarnos dentro de la acción del movimiento. ¿Qué es la proximidad? El único modo real de ocupar el espacio que toca vivir. El exilio y la diáspora producen, en el sentido del alejamiento, la neurosis existencial hacia la soledad. El arte y literatura lo revela. La pregunta por el *lugar* posee, en este presupuesto, tintes de espectáculos dramáticos, lo cual posibilita el desplazamiento hacia la otra pregunta de la existencia: ¿Quién soy yo? En vez de itinerante, el *ser cubano* exiliado se concibe a partir de un exilio según el cual la regularidad esencial es hacia la *soledad*. Cada movimiento en el espacio de la soledad se proyecta como salirse fuera de la esfera de anticipación y proximidad.

A partir de estas cuestiones hermenéuticas pudiera arribarse a la conclusión de que la cubanidad fuese, ontológicamente hablando, una compartición existencial de mundos, una convención donde la caída y la vuelta llevan de regreso al origen. Hay varias anécdotas martianas en esta dirección que no coinciden con el llamado patrioterismo y al amor ridículo a la tierra *a posteriori*. En el *Diario de Campaña* de Cabo Haitiano a Dos Ríos se descifran varios relatos sobre lo que constituye la *inmunología territorial y nacional* del espacio próximo. Martí estaba persuadido del sentimiento de *seguridad* antes de arribar a Cuba. Todo el itinerario en la proximidad en tierras orientales le parecía estar seguro y cuidado de sí. En el exilio Martí no siente la nostalgia sino la ambigüedad de la apropiación del espacio americano. En 15 años no pudo estar en la *cercanía* y la *proximidad*. Todo le parecía *lejano*, metafísicamente hablando. La inseguridad era total. ¿Por qué? No lo sabemos. Martí fue un delegado a *volta de mar*.

En este sentido, aparecíamos que las diversas descripciones y definiciones de los autores aquí editados giran, en lo fundamental en esa excentricidad de los extremos y los polos: cercanía, proximidad y lejanía.

Lista de autores del libro –por orden de publicación en el ICCCD–.

Fernando Ortiz, Augusto Lemus, Carlos Dueñas, Baltasar Santiago, Julio Benítez, Rebeca Ulloa, María Eugenia Caseiro, Lidia Margarita Martínez, Mario L. Blanco, Juan Calero, Nicolás Águila, José Millet, Félix Fojo, Raúl Proenza, Manuel Sosa, Juan Francisco González, Yvonne López Arenal, Félix Anesio, Liuis Costa, Aleida Lliraldi, Juan Carlos Recio, Daniel Fernández, Arístides Vega, Arsenio Rodríguez, Ferrán Núñez, Betty Viamontes, Julio Fowler, José Antonio Quesada, Luis de la Paz, Belkis Cuza Malé, Yovana Martínez, Armando de Armas, María Ileana Faguaga, José Fernández Cambas, Javier Iglesias, Irma Sánchez, María Llarás, Denis Fortún, Ariel Pérez, Roberto Madrigal, Manuel Vázquez Portal, Rafael Saumell, Jorge Carrigan, Giordan Rodríguez, Jairo Grijalba, Jesús (Tinito) Díaz, Franky de Varona, Reinaldo Colas, Michael H. Miranda, Efraín Reveron, Waldo González, Félix Luis Viera, Armando, Navarro, Osman Avilés, Ángel Velázquez Callejas, Elías Entralgo.

Nota del editor: se respetan en los textos la sintaxis, estilo, giros lingüísticos, neologismos, frases inventadas, entre otras consideraciones gramaticales de cada autor. La corrección fundamental del texto integral recayó sobre las palabras *mal tecleadas*, signos de puntuación y conjunciones gramaticales.

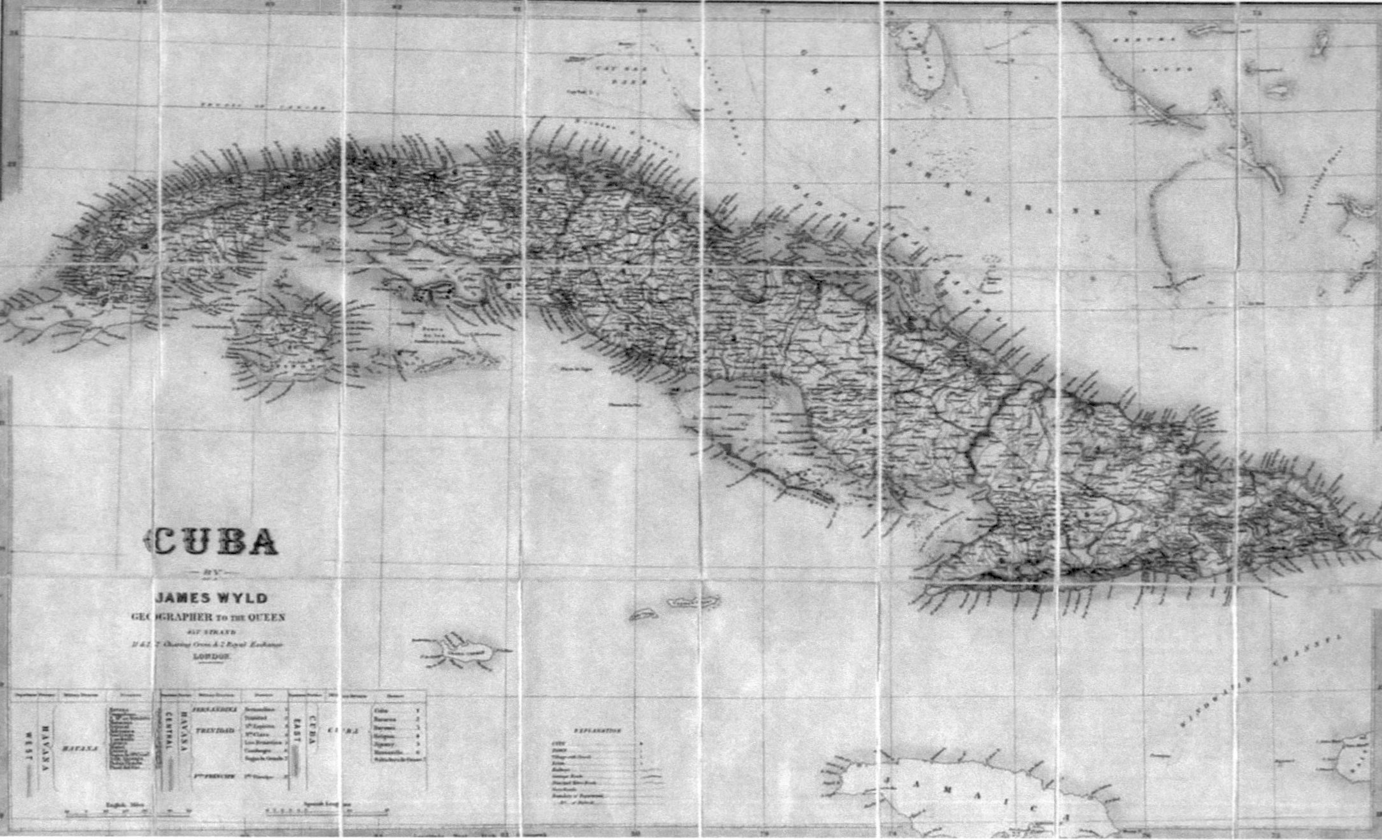

CUBA
BY
JAMES WYLD
GEOGRAPHER TO THE QUEEN
457 STRAND
12 & 13, Charing Cross & 2 Royal Exchange
LONDON
WEST HAVANA
CENTRAL HAVANA
EAST CUBA
EXPLANATION
English Miles
Spanish Longitude

¿Qué es la cubanidad?

¿Qué es la *cubanidad*? Parece sencilla la respuesta. *Cubanidad* es "la calidad de lo cubano", o sea su manera de ser, su carácter, su índole, su condición distintiva, su individuación dentro de lo universal. Muy bien. Esto es en lo abstracto del lenguaje. Pero vamos a lo concreto. Si la cubanidad es la peculiaridad adjetiva de un sustantivo humano, ¿qué es lo cubano?

Ya dijimos que la cubanidad no puede depender simplemente de la tierra cubana donde se nació ni de la ciudadanía política que se goza… y a veces se sufre. En la cubanidad hay algo más que un metro de tierra mojado por el primer lloro de un recién nacido, algo más que unas pulgadas de papel blanco marcadas con sellos y garabatos simbólicos de una autoridad que reconoce una vinculación oficial, verdadera o supositiva. La cubanidad no la da el engendro; no hay una raza cubana. Y raza pura no hay ninguna.

La cubanidad es principalmente la peculiar calidad de una cultura, la de Cuba. Dicho en términos corrientes, la cubanidad es condición del alma, es complejo de sentimientos, ideas y actitudes. Hay algo inefable que completa la cubanidad del nacimiento, de la nación, de la convivencia y aún de la cultura. Hay cubanos que, aun siéndolos con tales razones, no quieren ser cubanos y hasta se avergüenzan y reniegan de serlo. En éstos la cubanidad carece de plenitud, está castrada. No basta para la cubanidad llenera tener en

Cuba la cuna, la nación, la vida y el porte; aún falta tener la conciencia. La cubanidad plena no consiste meramente en ser cubano por cualesquiera de las contingencias ambientales que han rodeado la personalidad individual y le han forjado sus condiciones.

Hemos dicho que la *cubanidad* en lo humano es sobre todo una condición de cultura. La cubanidad es la pertenencia a la cultura de Cuba. Pero ¿cuál es la cultura característica de Cuba? *Cuba es un ajiaco.* ¿Qué es el *ajiaco*? La imagen del ajiaco criollo nos simboliza bien la formación del pueblo cubano.

Fragmentos del ensayo *Los factores humanos de la cubanidad*

Augusto Lemus Martínez

La Cubanidad cuando es genuina, no deja de ser parte de la universalidad

"En la fuga, en el resguardo de un talismán verbal que busca nombrar las esencias, a través de la pupila hecha vigilia, rehuyendo desesperadamente de lo más externo y superficial. Vivir a Cuba desde las luces de las grandes urbes, no hace más que permitirnos aquilatar mejor el legado de José María Heredia, Gertrudis Gómez de Avellaneda, José Martí, Guillermo Cabrera Infante o Severo Sarduy. Ellos fueron paradigmas de la cubanidad y crearon gran parte de su obra desde las latitudes del exilio.

No por azar nacieron juntos conmigo en el mes de diciembre Alicia Alonso, Alejo Carpentier, José Lezama Lima y Dulce María Loynaz, exponentes ilustres que legaron segmentos importantes de su arte desde tierras ajenas o desde el exilio interior. Eso, sin tener en cuenta la diáspora de cubanos por el mundo, ni a los que desde adentro otean el horizonte. La "cubanidad" cuando es genuina, no deja de ser parte de la universalidad."

Fragmento de entrevista *Piel Adentro: Intento zurcir mis costados,* realizada por el periodista cubano Reinaldo Cedeño al investigador e historiador, poeta y ensayista Augusto Lemus Martínez publicada en *OnCuba,* 21 octubre, 2014

La cubanizad es una condición del alma

Mi definición de *Cubanizad*, viéndolo desde el punto de vista abstracto, se enfoca en lo particular o en la calidad de lo cubano. Dicho en otras palabras, es la esencia o la individualidad dentro de lo universal. Es lo que nos diferencia del resto del mundo incluso no estando en Cuba. Es la comida, es el bolero, es el son cubano. Es el amor a la bandera, es el sentirse cubano donde quiera que uno esté. Es también odiar a quien oprime y roba nuestra libertad. Es el vibrar cuando ves el éxito de un cubano. Es en esencia, la calidad de esa cultura que nos distingue y la hace peculiar. La cubanizad está también en nuestro café negro, en nuestro tabaco, en el guarapo. En el sol y en nuestras playas, en el exilio lleno de añoranzas. La *cubanizad* desde el *prima* de Fernando Ortiz es una condición del alma, es un complejo de actitudes, ideas y sentimientos. Es algo que nos mueve, nos atrae y nos enamora como una mujer que es para nosotros a la vez una y muchas al mismo tiempo.

La Cubanidad es una fraternidad intangible

La *Cubanidad* es una fraternidad intangible, que va mucho más allá del color de la piel, del nivel educacional, del género y de la orientación sexual; es una cofradía signada por los mismos referentes culturales, que van desde las costumbres, las tradiciones, las creencias religiosas, las preferencias culinarias, el acervo literario y teatral, y, sobre todo, musical, donde la facilidad cubana para el baile ha conquistado hasta el ballet clásico.

La *Cubanidad* es compartir una misma identidad de sabores, olores, sensaciones y sensualidades; vibrar y emocionarse al escuchar las grabaciones de los grandes íconos de nuestra música, como Lecuona, Celia, Olga, Benny, Esther Borja, Gonzalo Roig, Barbarito Diez, y tantos y tantos otros que conforman la banda sonora de la vida de cada cubano. Como ya lo ha escrito magistralmente mi querida y admirada Belkis Cuza Malé: "¿A qué huele Cuba? Sí, huele diferente, supongo. Huele distinta al resto del Caribe y, por supuesto, al resto del mundo. Cuba huele a Cuba. A sol y arena. Huele a sus versos, a sus canciones. Huele a lo que huelen los colores de la vida. Huela a energía buena, a energía radiante. Huele a tierra negra y a tierra colorada. Huele a sazón con ajo y cebolla y ají. Huele a perejil sobre el pargo.

Pero, sobre todo, huele a recuerdos, a tafetanes y tules, a rosas disecadas entre los libros. Huele a Colonia 1800, a lavanda, a talcos, a romero para ennegrecer el pelo; huele a brillantina (¿Tres flores o Palmolive?) en el cabello de los hombres; huele a jabón Candado, a las coladas de la ropa; huele a añil, que es el olor del cielo". Y citando también a Carilda Oliver Labra –mi paradigma como poeta– de su *Madre mía que estás en una carta*: "Yo te dije que no, pero era Cuba /Me estabas invitando a tanta nieve sin saberlo. / ¿Qué hubiera hecho sin el sol, /mamá juiciosa entre frituras, cocinando siempre? /Si a mí esas uvas no me dicen hija/y en cambio quedo lela ante las palmas, /me da suerte la aurora /con su repunte de sinsontes".

Baltasar Santiago Martín, Hialeah, 17 de julio de 2017

Julio Benítez

No hay una cubanidad sino una constelación de factores que la conforman

Definir la *cubanidad* supone abstraer un conjunto de cualidades correspondientes a lo que otros han llamado *lo cubano*. Y ello implica la *insularidad* de nuestra cultura, con el mestizaje, la influencia española, africana e incluso china y de otros componentes que sirvieron para darnos una identidad que cambiante en sí nos diferencia de otros. La *cubanidad* es la música: el son, la rumba, el cha cha cha, el mambo, el bolero e incluso el reguetón adoptado por los más jóvenes en una simbiosis con los ritmos caribeños. La *cubanidad* no es solo arroz y frijoles sino la variada herencia culinaria y también ese gritar para que se nos oiga. Es vivir con pasión y amar la libertad y a la vez ser muy temerosos para enfrentar la opresión. Es la sexualidad alborotada más que nada en las palabras. Es la sinceridad y el cinismo que se trasplanta a los continentes porque se arraiga en los Estados Unidos y Europa y se conserva en los descendientes. *Ser cubano* es ser refinado, amante de la poesía y el ballet y también grosero y pendenciero. No hay una *cubanidad* sino una constelación de factores que la conforman. Somos un pueblo que se cree especial y trata de mostrarlo en su arte y en su comunicación e incluso en su interferencia en la vida de otros países.

La cubanidad es querer y luchar cada día por rescatar el sentido cívico y el derecho a la vida misma

Ser cubano, es haber nacido en algún punto de la Isla entre el Cabo de San Antonio y la Punta de Maisí. Llevar a cargo la *cubanidad*, es mucho más que exhibir el gentilicio. Es más, mucho más que reconocer el lugar donde se ha nacido. Es llevar contigo, en el fondo de tu pecho, el olor a salitre; el aroma del café recién colado y el recuerdo de tus abuelos. La *cubanidad* es no olvidar las calles de tu pueblo, ni los juegos de tu infancia. Es sentir la alegre nostalgia de tu memoria sonera, rumbera, guajira. Es sentir como se te revuelven las entrañas cuando escuchas de derrumbes y desastres naturales, sociales y políticos. La *cubanizad* es querer y luchar cada día por rescatar el sentido cívico y el derecho a la vida misma. La *cubanizad* es sentir el dolor por los tuyos, aun cuando ellos crean vivir ajenos a la falta de libertad. Puedes haber vivido, puedes vivir, puedes estar viviendo en cualquier lugar del Planeta Tierra, pero si eres capaz de ver el Malecón habanero, mirando desde tu ventana los cerros bogotanos, el *Empire State* y hasta el mismo Himalaya, no hay dudas: Eso es cubanidad.

María Eugenia Caseiro

Los cubanos somos ese cuerpo del que emerge la voz de la Cubanidad

Los cubanos somos ese cuerpo del que emerge la voz de la *Cubanidad*. Habla por nuestra boca, camina con nuestros pies, gesticula valiéndose de nosotros, nos habita el gesto y el espíritu, y hasta nos suplanta en el tiempo y el espacio para hacerse escuchar, para que se cumpla el acto de presencia de la *Cubanidad* en donde quiera que estemos y a donde quiera que vamos.

Voz de confluencias que emanan de un culto secular a nuestra sangre. Por ella corren ríos de un mestizaje pródigo en evocaciones, añoranzas y nostalgias. La voz presencial que late en la cocina y en la mesa, en el arte de la conversación, en la propensión al atesoramiento de cada rasgo de la identidad, en la conflagración de todas las manifestaciones del arte y la cultura, en el acopio de cada instante de la Historia, en la revelación de todo plumazo que anime a poner de manifiesto el fervor por la tradición y la costumbre.

Voz acicate, nos precede o escolta como un amuleto del que no podemos ni queremos prescindir. Y se integra al cuerpo universal con tal distintivo, que puede el cubano adoptar otra bandera y otro acento, pero la voz, siempre en vigilia, siempre a flor de piel, descubre en nosotros ante el mundo, la matriz de un ingenio de símbolos que sólo en el alma del cubano puede hallar el ideal de su patrimonial engaste.

Lidia Margarita Martínez Bofill

Cabalidad es ser tú mismo, donde quiera que estés

Cubanidad es un concepto tan amplio y abarcador que resulta casi imposible, en mi opinión, resumirlo. Pero podría decirse que sentir, donde quiera que estés, aunque transcurran los años, esa emoción profunda cuando los recuerdos te sitúan en el *espacio/isla*, y sientes olores y sabores que te disparan en tiempo y espacio; o cuando de momento una noticia, una imagen, un "*deja vu*" te conmueve, y el corazón late más apresurado. *Cubanidad* es sentirse cubano –si no vives en Cuba– al margen de las condiciones que te rodean en cada momento de la vida, es aceptar una nueva realidad y luchar por ella sin vivir aprisionada en la que dejaste atrás, porque esa condición es inmanente.

En el horizonte cultural en el que desenvolví mi vida como docente e investigadora, el de las artes plásticas, aprendí de decenas de artistas plásticos, pertenecientes a varias generaciones, que lo cubano para ellos era representar su entorno, captar una atmósfera inigualable, intentar reproducir matices incapturables de la propia naturaleza, para distinguirse de los de otros confines del planeta, sin desconocer, sin rechazar lo que acontecía en el mundo.

Cubanidad es llevar dentro de ti adonde vayas, una cultura que resume la de los ancestros, en mi caso, santiagueros, baracoenses y holguineros, pero también franceses y catalanes. Y, sin proponértelo, advertir en ocasiones cual es el origen de un gesto, de la predilección por algo, del gusto por una melodía o por cualquier banalidad que nos rodea.

Cubanidad es ser tú mismo, donde quiera que estés.

Mario L. Blanco Blanco

La cubanidad está estrechamente ligada a nuestra cultura

Un amigo me pide que escriba sobre *cubanidad*. No me pide defina este término, y se lo agradezco, pues sería aún más engorrosa la tarea de poder descifrar este concepto con solo algunas palabras. Antepongo también el criterio de no sentirnos lo máximo, como algunos hoy expresan en un círculo estrecho o en alguna canción, pues hay un pequeño halo de orgullo en los cubanos cuando tratamos de identificarnos que, si bien resulta atractivo o bello ver que alguien se enorgullezca de sus raíces, no por ello debemos denigrar o menospreciar otras raíces.

Al grano, la cubanidad está estrechamente ligada a nuestra cultura, y esta es en nuestro caso bien heterogénea y multifacética, porque la misma surge de una mezcla fundamental de hispanidad y africanismo. Considero que los rasgos de los indios nativos y alguna que otra cultura que parcialmente sobrevive en Cuba, como la china, no le dan mucho tinte a la mezcla antes mencionada. Pero esta amalgama españolo-africana con el condimento criollo-cubano autóctono, fraguada con los años, es además activa, dinámica y de cada época se ha nutrido con sus diferentes matices de nuestra historia, así como también posee colores algo diferenciados entre el occidente y oriente de la isla. No define al cubano el haber nacido en Cuba, sino el llevar impregnado en el carácter y comportamiento del individuo, el ambiente que se ha generado en ella durante su rica historia.

Si bien sobre la *cubanidad*, podemos encauzar su concepto como el cúmulo de costumbres, lenguaje, creencias religiosas, comportamiento social, etc., ejemplificado o canalizado por la vía de la creación artística, laboral, política y familiar de nuestra nación, necesitaríamos toda una monografía para caracterizar cada detalle que la componen. Solo resta añadir algunos de sus rasgos distintivos que nos permitan acercarnos a ese concepto para nosotros los cubanos mágicos, llamado *cubanidad* y son: el café, la mulata, el ron, el tabaco, el son, la guaracha y la conga, el verso romántico, el cuento y la novela histórica, la efervescencia política, el buen vestir, el sol y la playa, el béisbol, la impronta conversacional que incluye la jarana, la hospitalidad y la amistad.

Juan Calero Rodríguez

Cabalidad es bandera e himno de nuestra cultura y actitud hacia su hábitat

Sé que no podrá gustar a todos por igual: Cubanidad es bandera e himno de nuestra cultura y actitud hacia su hábitat; amor a Martí y el regodeo en aquellos portales de columnas que se elevan hasta el infinito, la sazón musical como picardía del almuerzo diario o los colores intensos debajo de un framboyán. Pero con qué facilidad pueden desdibujarse aquellas imágenes lejos del paraíso en otra página de este libro, donde el sustento diario fue trocado a la fuerza. Los hijos no son hijos de nuestra isla, sino esclavos de su tiempo, de su país, y así van creando su propia identidad donde Cuba sólo es una isla en el mapa de la cual siempre nos habla papá. Y descubrimos cómo hemos olvidado tantos nombres y se nos confunden las calles y los rostros ya no son los de entonces. Así, los sentimientos visten nuevas galas según habitamos en este otro tren por diferentes montañas y playas, como nuestros progenitores desembarcaron a la cubanidad.

Nicolás Águila

La cubanidad puede también ser desamor, odio e insolidaridad

"La cubanidad es amor", aseveró el presidente Ramón Grau San Martín. Una definición más que discutible por lo subjetiva y unilateral, además de cursi. Cabría afirmar lo contrario, dándole la vuelta al chovinismo populista de Grau. La *cubanidad* puede también ser desamor, odio e insolidaridad. Incluso puede ser esto último sin perjuicio de incluir el amor *grausiano*. Ser cubano no deja de ser una forma de comportamiento humano, con todas las contradicciones e inconsecuencias que arrastra nuestra especie.

Mas lo que importa aquí es definir la cubanidad en tanto identidad nacional, en cuyo intento es difícil escapar a los estereotipos que describen nuestra cultura, pero no dan con la esencia de la cubanidad. Se puede ser cubano 100% sin tenerle apego a la dieta 'criolla' tradicional (el congrí con yuca y lechón, entre otros platos). E igualmente los hay que hablan en voz baja, son malos bailadores y no fanfarronean, por citar otros clichés al uso, sin dejar por ello de ser cubanísimos.

¿Cómo determinar pues lo distintivo cubano? No queda más remedio que recurrir a la prueba del contraste. Usted es cubano no solo por haber nacido y haberse criado en Cuba –o en un ambiente culturalmente cubano fuera de la Isla–. Usted es cubano porque básicamente se diferencia de un español, un mexicano o un argentino. No le demos más vuelta.

La cubanidad es la huella en el cuerpo colectivo y espíritu de un pueblo

La *cubanidad* es la huella en el cuerpo colectivo y espíritu de un pueblo muy especial marcado desde su origen –en medio del Mar Caribe– por la comunidad de los pueblos caribeños: su primer mártir fue el cacique Hatuey, venido de Haití a enfrentar al conquistador español. La marca distintiva de su espíritu emprendedor, guerrero y creador quedó cincelada por aquel acto inicial que se repite a lo largo de su historia por la rebeldía, la resistencia y el combate en todos los ámbitos de la vida social, política y cultural. El cubano es un pueblo que nunca se ha rendido ni rendirá jamás, aunque lo hayan atenazado los grandes imperios: España, Inglaterra, los USA, la URSS, China, etc.

Cubanidad. Un (imposible) intento de definición

Me piden un imposible, me solicitan que defina esa condición extraña y adictiva conocida mundialmente como "cubanidad". Mi respuesta refleja, instintiva, es negarme a hacerlo, pero son amigos los solicitantes. Y ser hombre y amigo es parte del padecimiento (soy portador congénito de la noxa) así que allá vamos.

Palante con los tambores (expresión típica de los pacientes). El escritor y exiliado republicano español José Bergamín dijo en una ocasión: "Si me hubieran hecho objeto sería objetivo, pero me hicieron sujeto y por eso soy subjetivo". Yo, que además de ser sujeto, nací y me crié en Cuba, soy, por tanto, dos (o más) veces subjetivo. Si, pero no subjetivo a secas, no, soy objetivamente subjetivo y por eso, y por ser hombre y amigo, como ya dije, he aceptado el reto de intentar definir lo indefinible. Qué diablos es ese fenómeno absolutamente subjetivo que sin embargo se nos aparece de pronto, cuando menos lo esperamos o lo queremos, y nos hace, como dijera un patriota nacido en otro lado, pero cubano por convicción (y por contagio), pasarnos o no llegar.

Ese fenómeno, esa condición psicobiosocial que intentamos definir, sabiendo de entrada que fracasaremos en el intento es un ruido permanente en el sistema, en nuestro sistema, al que denominamos la "cubanidad". ¿Será acaso esa "cubanidad" un muy objetivo y casi siempre permanente ruido en el sistema de nuestra humana subjetividad? ¿Será, en una palabra, una patología, una enfermedad?

¿Estar averiguando tanto sobre qué cosa es la "cubanidad" no será un indicio de inmadurez? ¿Se preguntan los franceses sobre la *francesidad* o los chinos sobre la *chinesidad*? Creo que sí, que hay mucho de inmadurez en la "cubanidad", (el profesor cubano Enrique Patterson ha estudiado el tema con profundidad, pero con una perspectiva más enfocada hacia lo racial) pero tampoco puedo afirmarlo tajantemente.

En fin. Que no se bien lo que es la "cubanidad" pero sí sé que la padezco.

Que le vamos a hacer.

RAÚL PROENZA

Cubanidad es un sentimiento
de amor, amor incondicional

Música, tristeza, incomprensión, tabaco, ron, miseria, balsa, bote y barco con un poco de suerte, despedida, 58 años y la historia nos dice que contando, orgullo de haber nacido en una isla pionera de todo antes del año 1959, gente afable, contenta, la bandera más linda, que ondea como ninguna, literatura, música, artes plásticas y teatro al mayor nivel, ser cubano es un orgullo, una condición de privilegio, risas, aroma de café, tambores y cuerpos que se mueven al compás del cañonazo de las nueve, patriotismo e hidalguía, sacrificios, lucha y ejemplo, libertad siempre buscada y nunca conseguida, paisajes increíbles con mogotes palmas y mariposas, la llave del golfo que abría el comercio al mundo entero, sombra y mala suerte, hay cubanos buenos y otros no tan buenos, dicharacheros y *piropeadores*, mujeres bellas, con curvas envidiables, blancos, negros, chinos y mulatos, Cuba es todo eso y mucho más. *Cubanidad* es un sentimiento de amor, amor incondicional, amor del real a esa isla que hoy flota en el mar sin rumbo y que soñamos algún día recuperar...

Manuel Sosa

De aquella nación altiva y emprendedora sólo queda ese peñasco resbaladizo

La etnia cubana se sigue suprimiendo a sí misma, dondequiera que esté. El producto desteñido flota como un trapo al viento, haciéndose pasar por pendón. Los del peñasco rodeado de agua por todas partes hacen de marionetas, un desfile tras otro, coreando consignas y estudiando los párrafos que el concilio redactor del César distribuyen cada dos o tres días.

En una esquina del peñasco, los perros de presa, con camisitas azules, husmean a las marionetas. En la otra esquina unos cuantos entusiastas practican el folclor de turno. Un grupúsculo retador (y en realidad no le ha quedado otro remedio que ser grupúsculo, pues ser retador es una heroicidad) escarba en la dureza del peñasco, para no agredir a las marionetas.

Los que andan dispersos por doquier, siguen aferrados a una idea lejana, a un concepto que se sigue abaratando y que acabará por extinguirse: el ser cubano.

En la ciudad satélite, allende el mar, un concilio ha decretado futuros encausamientos para los que hoy avasallan a las marionetas. Cabe preguntarse cuántos del concilio, en su momento, fueron marionetas o avasalladores de marionetas.

De aquella nación altiva y emprendedora sólo queda ese peñasco resbaladizo, sucio y ridículo que hoy insiste en anunciarse como ejemplo de redención.

Juan Francisco González-Díaz

Cubanidad, la forma íntima de llevar la cultura de la patria

La *Cubanidad* es, o debería ser, la manera en que se manifiestan las características que distinguen y definen lo cubano. Esos rasgos propios, no siempre innatos, y de mayores permanencias, peculiaridades y distinciones –esenciales o no–, de una naturaleza atribuible a la contribución, de la cualidad y calidad, de ser lo cubano. Tanto dentro como fuera del país.

Cubanidad, no solo en los reconocimientos, identificaciones o filias, con lo tautológico, lo folclórico, los lugares comunes y patrones preestablecidos. También en el desdecirse y las repulsas. Miradas críticas que en sus negaciones afirmen ese numen inefable, el aliento en espiral en pos de lo que pudiera ser mejor, sin destinos previos.

Cubanidad, la manera personal en que expresamos marcas y señas de vínculos afectivos, en amores y rechazos con Cuba y lo cubano. *Cubanidad*, la forma íntima de llevar la cultura de la patria, su materia. *Matria* es el barrio, sus esquinas, sus músicas, e improperios. *Cubanidad*, el olor a polvo antes del aguacero. Mi madre baldeando la casa con *Pinaroma*. Tía Anita, de blanco, con eterno aliento a café. La auténtica breva de mi padre, el tabaquero. Perfume del mar, siempre azul. Mis hijos, de niños, caminando de la mano. Abuelo con su medalla de veterano. Y unos amplios ojos negros, picaros e interrogadores, que me siguen despidiendo.

Cubanidad es para mí nuestra identidad

Verdaderamente es difícil definirlo, siempre o bueno casi siempre, sé lo que quiero decir y ante esta pregunta me quedo pasmada, debo reflexionar y especular. ¿Qué es la cubanidad? Pues, bueno… *cubanidad* es para mí nuestra identidad, nuestras peculiaridades a partir de nuestro nacimiento, de nuestra cultura y herencia en el sentido más amplio del término, pero es también viajar como el caracol, con la casa a cuestas.

Cada uno de nosotros se enfrenta, al intentar definirlo, a una subjetividad que está marcada por una realidad objetiva, porque nacimos en Cuba y además nos encanta *ser cubanos*, pero tenemos nuestras historias particulares.

Mis abuelos, que unos eran gallegos y los otros que eran españoles y catalanes con descendencia, árabe y francesa, pretendían que yo de alguna manera fuera todo eso que eran ellos, pero en aquel entonces creo que pensaron que fracasaron, porque desde pequeña yo sentía que era cubana y pensaba que todos estaban locos. Esa diversidad era sencillamente para mí un mejunje muy extraño.

Sin embargo, ahora yo deseo y admiro que mis hijos sean cubanos más allá de su nacimiento y que los hijos de mis hijos lo sigan siendo, quizás ellos me miren raro a mí ahora, pero el tiempo tendrá la última palabra. Veo todos sus rasgos repletos de una cubanidad compleja, profunda y sé que no son *cubanismos* copiados, es identidad familiar, "es sangre que corre por las venas", porque simplemente hay una voluntad de permanencia, de arraigo y "así es si así os parece". A todos ellos, ya los va invadiendo esa idiosincrasia adictiva, ese orgullo heredado del cubano y esa necesidad de reafirmación del inmigrante.

Para mí, es válido aclarar, no rechazo los matices de todo lo que he ido asumiendo al vivir fuera de mi patria, sino todo lo contrario, me encanta y me identifico en esa diferencia, porque por muy aplatanada que pueda estar a otras tierras, siempre me descubren y me descubro en lo cubano. Incluso ahora en la distancia del espacio y el tiempo, comprendo que eso que pretendían mis abuelos era válido y es parte de mi identidad como cubana. A Cuba la llevamos en el alma, en el temple, la recuperamos todos los días en nuestra vida cotidiana, es algo visceral, porque, aunque no nos guste el *guarapo*, como le sucedía a Fernando Ortiz o como cuando renegamos apasionadamente de los excesos del *cubaneo* debemos reconocer la paradoja, porque de alguna manera padecemos y disfrutamos de ese complejo y caótico espectro en nuestro carácter como parte de nuestra cubanidad.

Félix Anesio

Cubanidad es ser un portador apasionado…

No hace mucho me pidieron, para una revista digital, que definiera ¿qué era Cuba para mí?, y la respuesta fue inmediata: Cuba es una lámpara de llama perdurable, dije en aquella ocasión.

Hoy me solicitan definir, o dar criterio, sobre la *cubanidad*, y mi respuesta es también diligente y breve:

Cubanidad es ser un portador apasionado de esa lumbre que nos entrega, generosa, la patria al nacer.

Cubanidad Vs Catalanidad

A un catalán plantearle el concepto de cubanidad le sugiere, casi de inmediato, la evocación de un concepto más próximo: *catalanidad*, un término que define la simple condición de ser catalán. En este sentido, y por pura equivalencia, cubanidad define la condición de ser cubano. Una manera muy digna, honrosa y –aunque parezca contradictorio, en las actuales circunstancias– comprometida, de ejercer la catalanidad podría ser el catalanismo, o sea defender la personalidad política de Catalunya. Nos permitimos profundizar en esta línea y preguntarnos: ¿Cuándo la cubanidad se transforma en cubanismo? Resulta indudable que en la guerra de 1868-1878 se encuentra el germen de la concienciación nacional cubana: es el punto de inflexión en el que se pasa del sentimiento de cubanidad, del orgullo de ser cubano, a reivindicar la historia y las libertades personales. Era el inicio de un proceso que culminaría con la independencia, aquella antigua –y ahora tan actual y mayoritaria– aspiración del catalanismo.

Aleida Lliraldi Rodríguez

La cubanidad me distingue

Así como el ADN almacena y transmite de generación en generación, brota y se define en mí la cubanidad. No puedo desligarme de ella ni independizarla a pesar de mis circunstancias, cambios de lugares o relaciones personales.

Es mi identidad siempre acompañándome en cualquier parte donde me encuentre. La cubanidad me distingue. Es mi origen, mi carácter, mi cultura, mis costumbres. Constituye la base en la cual se asienta mi memoria.

En breves palabras José Martí la definió: *Se dice cubano, y una dulzura como suave hermandad se esparce por nuestras entrañas, y se abre sola la caja de nuestros ahorros, y nos apretamos para buscar un puesto en la mesa, y echa alas el corazón enamorado para amparar al que nació en la misma tierra que nosotros…*

Cubanidad significa también saber insertarte en las costumbres y la cultura de otro país y a la vez, amanecer cada día con el genuino afán de amar tus tradiciones sin nunca permitir que estas te obnubilen y se conviertan en un estático y molesto dolor.

La post cubanidad

Si atendemos lo que define Jorge Mañach en *Indagación al choteo*, el cubano es un ser inconcluso para discernir qué es él, si le quitamos la tragedia donde todo en su actuar lo asume con choteo, no tanto sentido del humor, en eso, necesitaría de una finura en el pensar. Y visto así, la cubanidad, pareciera entonces, necesita ser enterrada desde esta visión, donde aún conscientes de lo necesario que es estudiar desde todo punto de beneficio y entender la patria, el ser de un territorio espiritual –más que uno físico–, como una "comida profunda", un olor, un sabor y supuestamente, una manera peculiar de ser sexualmente completo, necesitaría como marcador de esos parámetros, lo cubano (los cubanos) más que una raíz de providencia un estudio completo de la conciencia que también estaría por nacer. La *post cubanidad*.

No niego, historia, raíces, pensamiento, heroicidad y la madre de los tomates, que hasta ya tuvimos, quien primero nos enseñó a pensar y hasta un padre de la patria, y hasta cachita la virgen de todos. Lo que sucede a mi juicio es que tanto escamotear, tanta gotera en lo que Martí definía como el deber supremo de impedir a tiempo la fuerza que nos atacaría y cayera con todo el peso de su sometimiento, luego por contradicción, nuestro Pepe decidió irse a morir de cara al sol y no continuar en esta necesaria averiguaría cómo ser mejores como cubanos, así como el prójimo con su semejante.

Dado que la cubanidad es un estado latente del lado oscuro del yo de un presidiario que aún no se libera, o inclina más hacia quemar ese nacionalismo machaco, que va sin control del *supermacho* a la loca, diría que la cubanidad solo es entendible cuando logramos a rato, una conversación desde la conciencia y no desde la simulación y la apariencia de que la dictadura no somos también los sometidos, es decir, cuando mencionemos a Cuba, deberíamos comenzar por sus cárceles y presos políticos y luego refrescarse en las arenas bellísimas de Varadero. Porque hace mucho esa claridad de ver el rumbo de nuestros pies desnudos y al natural, no es por desgracia y culpabilidad lo que nos define y con ello asume ese todo y para bien de todos.

La conclusión no es que no exista la cubanidad, si no que la extensión amarga de lo que nos hemos convertido, a no dudarlo es como una mentira consciente de que hace mucho somos más que la plaga de una dictadura impuesta, también la aceptación del papel de víctimas por suma de una mayoría que para mal nos mal representa y que solo la conciencia de la libertad nos dará la libertad de continuar más allá de ese miedo que Virgilio el poeta apenas pudo balbucear y que Lezama desde su biblioteca mental, puntualizó hacia oh que tú escapes hacia tu definición mejor, en un ejercicio que como Martí, no lo excluyó y no nos excluye en tales representaciones, como la complejidad de ser siempre y aún otra cosa que creemos más grande de la que aún estamos además por llegar, a ser.

Cubanidad eres tú

Pertenezco a la generación de los hippies, los *baby boomers*; ese grupo que entre los cubanos del lado de acá se conoce como "la generación del Mariel". Ya al borde de los 70, de jóvenes rebeldes hemos pasado a viejos cascarrabias a los que no nos gustan las consignas, los encasillamientos ni las teorías. Hemos visto pasar modas del pensamiento como el existencialismo y el estructuralismo, y modas artísticas como el posmodernismo y el minimalismo, para no hablar de los fracasos del marxismo en todas sus variantes. De jóvenes nos resbalaban las clasificaciones, ahora, ya teóricamente viejos, nos dan risa los teoremas. La mayoría de nosotros somos, desfasados, balas perdidas que escapamos a nuestro tiempo por más que Martí afirmara lo contrario.

¿Qué sería la cubanidad para mí? Al son de la *Teoría de la incertidumbre*, de Heisenberg, hay que reconocer que es imposible definir lo que va en movimiento. Hay muchas Cubas, y cada quien ha vivido la suya según su tiempo y espacio. Hay tantas "cubanidades" como cubanos. No me atrevo a limitar el fenómeno con teorías geográficas o existenciales. ¿Es cubano Italo Calvino que nació en Santiago de las Vegas? ¿Es cubano Alejo Carpentier que nació en Lausana; ¿o Cintio Vitier, que nació en Cayo Hueso? ¿Son cubanos Oscar Hijuelos, que escribe en inglés, o Eduardo Manet, que escribe en francés?

Más que limitar, prefiero incluir; y ya puestos, no podemos olvidar que también fueron cubanos Batista y Fidel. Parafraseando a Bécquer, si tengo que resumir, a la pregunta de un cubano: "¿Qué es la cubanidad?", respondería: ¿Y tú me lo preguntas? Cubanidad eres tú.

Cubanidad es el sentido de pertenencia

Cubanidad es el sentido de pertenencia por Cuba, se viva o no en ella. Es ser portadores de una herencia que viene más allá de nuestros abuelos. Es estar dispuesto a defender esa herencia, vivir en consecuencia con ella y tener todos esos rasgos distintivos que nos diferencian como cultura tan interiorizados que incluso aunque se haya nacido en otro país o se viva fuera de Cuba uno razone y actué como cubano. Por eso con la emigración más que nada la Patria ha crecido, porque ya somos más que esa Isla que a escala de poesía representamos como la casa paterna.

Arsenio Rodríguez Quintana

Cubanidad desde el punto de vista catalán

Para mi hija catalana: Maya Rodríguez Vidal.
Nacida en el Hospital modernista de Sant Pau: hace 9 años.
Julio del 2008.

De niño en la barriada donde me crié en La Habana, íbamos a jugar a un edificio que tenía un ascensor singular… El edificio se llamaba: Sarrá. Estaba en 23 y 12 y en los bajos un *homeless* se hacía llamar el caballero de París.

Luego crecí, y un día en el cole, nos llevaron a una fábrica de "tabacos" llamada Partagás, donde vi torcer "puros," por primera vez en mi vida; allí un señor leía desde un pulpito, novelas antiguas y contemporáneas: era el "lector de tabaquería" que implantó Partagás con nómina incluida… Fue lo primero que quise ser, Lector de tabaquería.

Me he casado una sola vez en Cuba. Y la madre de mi hija vivía en La Habana Vieja, Colonial, donde el edificio más alto y más elegante se llamaba Bacardí, a quién todos atribuían el invento del ron. Ella, antes de Licenciarse en Farmacia, hacía prácticas en los laboratorios de productos farmacéuticos: Sarrá, llegó a ser la farmacia más grande del mundo en el siglo XIX.

Yo que estudiaba historia en esa época al repasar los presidentes de la república en Cuba descubrí a los presidentes hijos de catalanes: Ladero Brú/Prio Socarrás/ y Grau San Martín… Habían sido presidentes entre 1936 y 1952. O sea, Sarrá, Partagás, Bacardí, Brú, Socarrás, Grau y el modernismo arquitectónico, que inunda muchos edificios habaneros y gran parte del 1er tramo de El Malecón, no era algo catalán para mí. Eran y son parte de la realidad de mi país, de la parte cubana que formó mi personalidad; que cuando llegué a Barcelona hace 15 años, ese "universo de apellidos catalanes" cobró un sentido de realidad de un lugar específico: Catalunya.

Mi niña nunca ha ido a Cuba, pero cuando pido crema catalana en Barcelona, siempre le digo que yo en La Habana también la tomaba de niño, pero allí le decíamos: natilla quemada.

Los catalanes no solo se trajeron el dinero de allí para impulsar el modernismo catalán en Catalunya junto con la 'Havaneres nostálgicas'. Allí crearon y consolidaron, el eje de la economía colonial, republicana y revolucionaria que define a la Cuba de hoy… Cuyos vasos comunicantes son mi definición de la cubanía, dejo testimonio aquí.

Una canción del grupo de rap Orishas decía:

A lo cubano
Botella de ron
Tabaco Habano

Donde dice Ron = léase Bacardí. Donde dice Tabaco = Léase Partagás y casi a ningún cubano le parecerá catalán, sino cubano.

Ferrán Núñez

La cubanidad no existe

La cubanidad no existe. Se trata de un concepto exclusivo y de fácil socorro; elaborado por nuestros arquitectos sociales, para perfumar a los españoles de Cuba con una diabólica mixtura, en cuya composición entrarían las palmas reales, el tocororo macho, la sangre india y africana. Todo eso aderezado con guarapo y puesto a cuajar dentro de la asfixiante parrilla de los Trópicos. Pero nada más lejos de la verdad. La idea, lejos de aglutinar disgrega, corrompe. Todo lo malo que ha ocurrido en aquella isla hay que echarlo a cuenta de la cubanidad; un ideal, manipulado por los mismos de toda la vida.

Las guerras civiles de ambos siglos, con su cortejo de violencias e incendios; el florecimiento de ideales sociales importados, 'de afuera', radicalizados hasta la emergencia de las dictaduras, paradigmas últimos de esa confusión trágica, son culpa de la cubanidad tal y como la defienden aquellos que cortan los espejos en Palacio. Buscar la verdad de aquellos habitantes insulares, a través de un concepto tan impreciso, significa en primer lugar, cuestionar radicalmente todo el edificio identitario que vendría a caracterizarles. El concepto ha sido perfeccionado desde Saco con muchas palabras intensas y trascendentes, pero aderezado con pocos hechos fácticos. Y si sorprende mi punto de vista, pregúntenle a los negros qué tan cómodos se sienten dentro de esa percepción inicua que los utiliza al mismo tiempo que los excluye desde hace siglos. Pero esa sufrida comunidad tampoco es la única en padecerlo.

Está la diáspora. Casi tres millones de personas que también se aferran a una cubanidad ya trascendida, y que por esa razón no reconocen a su semejante recién llegado, a veces hasta del mismo villorrio. La cubanidad va de par con la idea que nos hacemos los isleños del país que creemos poseer desde que los Estados Unidos nos lo dejaron entre las manos de una caterva de traidores, que (como en el resto de América continental) obró para su propia destrucción. No me siento cómodo con la cubanidad que defienden las instituciones de ambas orillas. Pero todo hay que decirlo, tampoco me gusta la que se alza desde el fondo del alma en Jesús del Monte con repiques de cueros y abalorios; simplemente, porque ambas han dejado a muchos por el Camino, condenando a los que quedan aferrados a ella a una larga y destructora agonía, tal vez sin final.

Cubanidad es ofrecer lo que no tenemos

51

Cubanidad es amar la música de Celia Cruz y Willy Chirino, tomar café, comer arroz amarillo con pollo, y arroz con huevo frito y platanitos. Cubanidad es ofrecer lo que no tenemos y ser hospitalarios. Es soñar con las palmas reales y los árboles de *framboyán*. Es tener la pasión corriendo por las venas, estar feliz de estar vivo, bailar a todo tipo de música. Es ser *opinativo*, pensar que somos maestros del universo y que tenemos conocimientos que más nadie tiene. Los cubanos estamos enamorados del amor. Aquellos que emigramos agradecemos haber salido de Cuba, pero soñamos con el regreso.

Julio Fowler

La cubanidad se funda en una ilusión

No sé si les será de ayuda mi perspectiva sobre eso que llaman "cubanidad". Teniendo referentes Krishnamurtianos, Jodorovskianos o Wilberianos (entre otros), mi entendimiento de la realidad tiende a desmontar las identidades culturales, es decir, toda distinción que percibo como frontera para la conciencia porque las entiendo como constructos del ego, ficciones propias de una cultura de control y poder.

Esa cultura se funda en la ilusión de una singularidad basada en la diferencia, en la separación, en un dualismo materialista cuya filosofía ni comparto ni me creo. No creo en lo que llaman "cubanidad", no creo en ningún tipo de creencia que limita la consciencia. Estoy de acuerdo en que nuestro pueblo tiene las raíces culturales peculiares y fecundas, _lo advierto sobre todo en la música_ pero no deseo entrar en el síndrome de la distinción; esa es una lógica muy típica del ego.

Definir lo que nos distingue (que es la lógica de razonamiento en la que se sustenta la idea de cubanidad), me resulta un ejercicio intelectual inútil (con todo el respeto por Fernando Ortiz y demás) en un mundo que percibo unificado. Definir lo que nos distingue, está más cerca de prepararle el terreno al mito y, del mito a la construcción de creencias de control que limitan la conciencia cuya naturaleza (según la tradición de pensamiento en la que me he formado), consiste en trascender todo límite.

Cubanidad es una metáfora

53

Para mí "Cubanidad" engloba los giros del castellano isleño. La certeza de venir de una cultura profundamente mezclada que, sin embargo, deja a la vista las hebras que la conecta con las fuentes de origen. Es también el ser capaz de ver el mundo a través de las metáforas y de la cocina a la expresión corporal tener un acento único a nivel global.

Mi cubanía la despedazó el castrismo

La identidad nacional está firmemente relacionada con las raíces que se echan en un lugar. Cuando ese vínculo se rompe, surge el desarraigo, lo que provoca que el concepto de pertenencia cambie radicalmente. Mi cubanía la despedazó el castrismo y su dictadura perpetuada en el poder por seis décadas, por lo que mi condición de exiliado por casi cuatro décadas, ha trastocado la percepción que tengo de lo que es la cubanía. Mi exilio ha moldeado una nueva entidad social en mí, pero como casi todo lo forjado fuera de su espacio natural, tiende a ser frágil. Ya no se trata de un concepto ético y étnico, sino de un resquebrajamiento, de una suerte de limbo donde los remanentes de la intensidad de su cultura, el sabor de sus comidas, la familia más íntima, la casa de la infancia, los primeros alardes de vitalidad, y sobre todo la selectiva memoria de la complicada y por momentos maravillosa Cuba que viví (pues cada uno tiene la suya con sus huellas), son los resortes de una/otra cubanía.

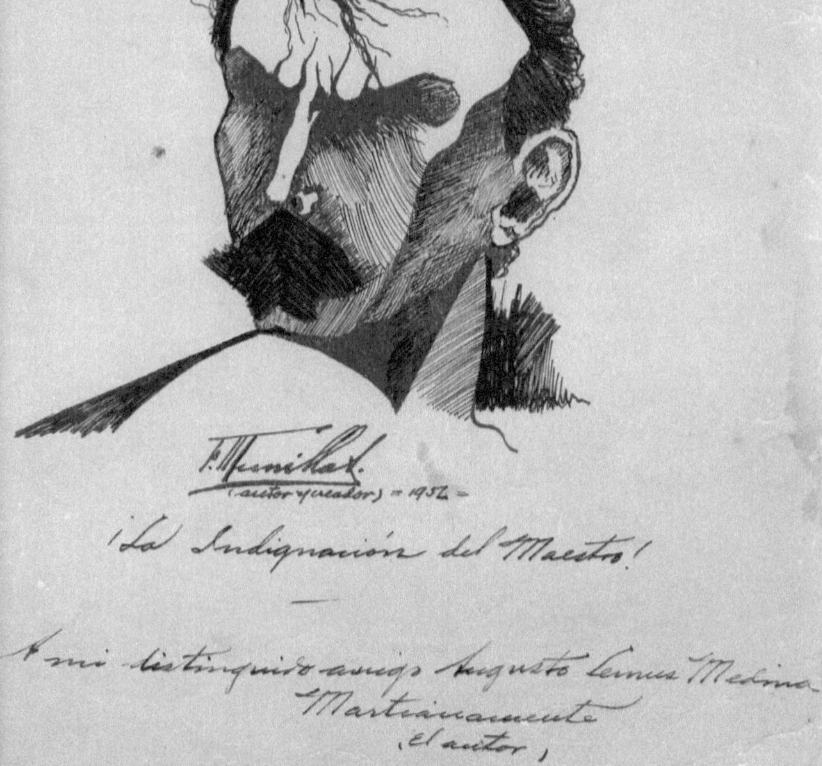

F. Tuníkal.
(autor y creador) = 1952 =
¡La Indignación del Maestro!
A mi distinguido amigo Augusto Lemus Medina
Martianamente
(El autor)

Habana: Castillo de la Chorrera.
Chorrera Fort.

Matanzas, Cuba.   Almacenes de Azucar frente al Rio San Juan. Canoa del Yacht Club.
Sugar Warehouse Canoeing at San Juan River.
113

HABANA. Farola del Morro.
Light House in Morro Castle.
O DONN
1844

Hotel Casa Granda, Santiago de Cuba.

Habana, Arco de Belen.
Old Arch Acosta Street.
AGENCIA MUDANZAS
ACOSTA
EL ARCO DE BELEN

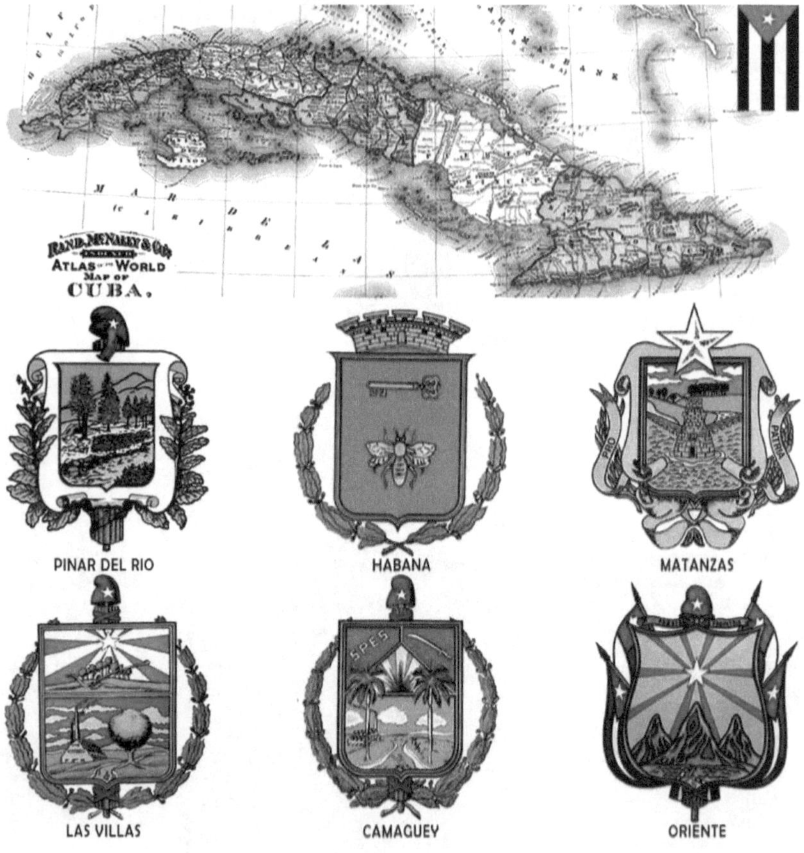

RAND McNALLY & Co.
ATLAS OF THE WORLD
MAP OF
CUBA.
PINAR DEL RIO
HABANA
MATANZAS
LAS VILLAS
CAMAGUEY
ORIENTE

Olor a Cuba[*]

¿A qué huele Cuba? Sí, huele diferente, supongo. Huele distinta al resto del Caribe y, por supuesto, al resto del mundo. Cuba huele a Cuba. A sol y arena. Huele a sus versos, a sus canciones. Huele a lo que huelen los colores de la vida. Huela a energía buena, a energía radiante. Huele a tierra negra y a tierra colorada. Huele a sazón con ajo y cebolla y ají. Huele a perejil sobre el pargo. Pero, sobre todo, huele a recuerdos, a tafetanes y tules, a rosas disecadas entre los libros. Huele a Colonia 1800, a lavanda, a talcos, a romero para ennegrecer el pelo; huele a brillantina (¿Tres flores o Palmolive?) en el cabello de los hombres; huele a jabón Candado, a las coladas de la ropa; huele a añil, que es el olor del cielo.

Un día llegué a la puerta de una casa, acá en Fort Worth, donde me habían dicho que vivían unos cubanos. No lo sabía. Pero aún sin haber tocado, el olor que salía por las rendijas de puertas y ventanas no dejaba lugar a dudas. Era el olor de un maravilloso ajiaco. Luego que me presenté, comenzaron a llegar otros olores, como si la isla entera hubiese también entrado en aquella hermosa casita.

En épocas de cruenta escasez (el llamado "período especial") la gente no podía vivir sin el jabón, el talco y el agua de colonia para los niños. Es histórica ya la anécdota de

---

[*] Fragmento del texto publicado en el portal *La Casa Azul* (Centro Cultural Cubano), miércoles, 14 junio, 2006

que hace unos pocos años los cubanos se bañaban con un jabón que se alquilaban entre sí. Y que, a pesar de la falta de agua, siempre dejaban un cubo para bañarse. Inventores como son, los cubanos de la isla encontraron una fórmula a base de alcohol y de no sé cuántas otras cosas para combatir el olor a sudor. Parodiando al poeta, toíto lo perdonan los cubanos menos el olor a sudor. Y en general, el mal olor.

El exceso de celo por la limpieza, por oler bien, ha encontrado en Fidel Castro, sin embargo, la excepción a la regla. El peludo y barbudo tirano osó también no sólo romper con todas nuestras instituciones, sino con nuestra tradición más querida de gente amante del aseo. Si usted mira una de esas fotografías de los primeros años de la revolución, se encontrará con un gigantón sucio, con las greñas grasosas y despeinadas, la ropa ajada y el rostro trasnochado. De seguro oliendo mal.

Al menos, tenemos algo más que nos diferencia de él. Y quizás el olor, el olor a limpio, a sol, a luna, a cielo, a palma y a marpacífico de Cuba lo niegan también, como lo niegan ya todos los cubanos, para quien este engendro del mal sólo huele a carroña. ¿O será a cañandonga? ¿Se acuerdan de ese olor tan anticubano?

Yovana Martínez

Cubanidad es mi abuela recordando Galicia...

Cubanidad es mi abuela recordando Galicia mientras prepara un tamal en cazuela con carne de puerco, en nuestra vieja cocina de la casona del Cerro, deteniéndose en recuerdos de lavaderos en el río, hórreos viejos y lluvia pertinaz, improvisa la muñeira con una gaita en su memoria, y de pronto me pregunta si quiero casquitos de guayaba con queso, recién hechos por ella; mi abuelo tomando café hirviendo en su jarra de metal que le quema los labios y afirmando que el café se toma caliente, poquito y amargo, dándose balance en su sillón favorito, el único de madera buena, con las chancletas de palo junto a sus pies descalzos y sudando a pesar de llevar solo una camiseta blanca sin mangas, con esa nariz de indio que heredó de su madre mexicana y esa manera atrevida de su padre canario que al hablar parece que estuviera molesto; mis padres bailando casino en la sala de la casona, con alguna orquesta cubana de moda escuchándose en el radio negro sobre el aparador y la imagen de ellos reflejada en los espejos de la vitrina de caoba, rellena de piezas diferentes de vajillas de lujo, que al final no son porcelana ni bacará, simplemente piezas disparejas acumuladas por su brillo y finura, durante generaciones de «pobres de la tierra»; los cientos de boleros que se sabe mi madre y salta para *quiero emborrachar mi corazón para apagar un loco amor que más que amor es un sufrir* para dormirme con *Vinagrito es un gatico* o *arrurú mi niño arrurú mi amor*; mis primos y yo correteando por la calle a *los escondidos*, a *los cogidos*, montando una chivichana o los patines de rueditas entre quienes juegan a *las cuatro esquinas* y protestan por el pasa-pasa, y el grito de una de mis tías o de mi madre llamándonos a subir porque ¡ya se acabó el mataperreo en la calle!…

Cubanidad, un camino por recorrer

Un escenario estridente, una evanescencia, una envolvencia, un entusiasmo, un embullo, un barrullo, un baile, una batalla, una batea, un bateo, una balsa, un bucanero, una buganvilia, una bulla, una bellaquería; una idea, una huida; un exorcismo, un demonismo, un matonismo, un desespero, un despelote, un descerebramiento, una decadencia, un descendimiento; un hundimiento. Una aquiescencia, un aquelarre. En todo caso algo que no ha cuajado, o ha cuajado mal; el ajiaco de don Fernando Ortiz convertido en la caldosa castrista.

Para Oswald Spengler nación es un pueblo en que se realiza verdaderamente el estilo de una cultura e, idealmente, una cultura tendría la duración de un milenio; los cubanos tenemos poco más de 500 años de historia, luego somos apenas un pueblo, multitud de pueblos han desaparecido en el remolino de la historia sin llegar a ser nunca una cultura, ¿quién se acuerda hoy de los pueblos prehelénicos?, ¿quién de los pobres y apocados guanajatabeyes acorralados antes de la llegada de los españoles por esos supremacistas que fueron los siboneyes y taínos? Bueno, pobres y apocados y todo los guanajatabeyes parece que han dejado huellas al menos desde el 1000 antes de Nuestro Señor Jesucristo.

Así, cubanidad para mí no sería otra cosa que un camino a recorrer, un intento, un esfuerzo por superar la infancia y arribar en algún momento en lo adelante a la adultez. Por lo pronto yo al menos no voy a contentarme, sería tonto de mi parte, con esos cortos 500 años de historia si puedo, con todo derecho, sentirme heredero de miles de años de historia que van de la Antigüedad Griega al Imperio romano y de este al Imperio español.

Tampoco, en cuanto escritor, sería tan tonto como para permitirme permanecer limitado a eso que se ha dado en llamar literatura cubana, o latinoamericana, si a mis espaldas cuento con el esplendente precedente del Siglo de Oro peninsular.

Somos nosotros donde quiera que estemos

Hablar de la cubanidad, en estos días de exilio y de presiones, es desafiante. No me recuso. Quien me pincha es admirado historiador y amigo, Ángel Velázquez, provocador innato. Como estudiosa cubanidad me remite a Fernando Ortiz y a la condición de cubano. Ahí cabe de lo mejor a lo peor.

Un breve tiempo en el exterior y la imposición a la dureza de la experiencia, me inclina ahora mismo a identificar la cubanidad con lo mejor que de ella evoco en mi memoria, quizás, para salvarme de los prejuicios que nos convierten esta en maldición. Pero me hace consciente, mucho más, de lo peor.

Ahora mismo cubanidad me evocan mi madre oyendo a Tejedor y añorando sus tiempos de roquera y a mi padre cantando a los viejos trovadores y negándose a dejar de llevar saco. Mi tía-abuela santiaguera, que siempre pensé la más bella y distinguida del mundo, mi abuela hablando en parábolas que luego descubrí africanas y mi tío negándose a "integrarse" políticamente. Mis primos escuchando The Beatles a escondidas y a *Irakere* a todo dar. Mi escapada para participar de misa y bembé. Exilio e insilio, ajenos y propios. Ruidos y silencios, cotidianos, reales o en mi mente. Es Isla, es Miami y el mundo. Es amor, desamor, intolerancias… odios.

Somos nosotros donde quiera que estemos. Hagamos lo que hagamos.

José Fernández Cambas

Cubanía es un sentimiento encontrado

Hablar de cubanía despierta en mí sentimientos encontrados, como ese lugar donde chocan las turbias aguas de un río contaminado con las azules del mar…

De un lado, la cubanía transgénica insular, aquella cuya esencia ha sido vilmente asesinada, llena de seres metamórficos escondidos tras múltiples máscaras, protagonistas en la tragicomedia de la supervivencia.

Huérfana de una Historia real e inmersa en la represión sistémica impuesta por sus carceleros, la cubanía transgénica intenta justificar su propia existencia haciendo de su pantanal el centro del universo con un discurso grandilocuente, lleno de frases vacías y lemas de ocasión, fantasmas y deidades adúlteras y baratijas de importación; siempre observando con deseo lo que hay más allá, negando y despreciando (aunque lo oculte) su propia realidad…

Del otro lado, la cubanía dispersa y oceánica se aferra a sus raíces para no perder su humanidad, a la deriva como un náufrago exhibe con nostalgia los tesoros ancestrales que ha podido rescatar; retratos familiares, la vieja cafetera, el libro de recetas de la abuela, los discos de vinilo de Celia y de Cachao… pasa horas en el supermercado buscando el café que más sabe al de allá, el de antes; el arroz y los frijoles pal congrí… ¿por qué ni el puerco sabe igual?…

La cubanía dispersa se acuesta cada noche con sus recuerdos y se levanta cada día en otra realidad…

Por eso, no me pregunten qué es la cubanía, esa es una de esas pérdidas irreparables que me hacen llorar…

73

Cubanidad es un delirio

Es la segunda vez que me piden que defina algo de lo que hace mucho tiempo me siento distante. Mi comadre Carmen Berenguer para su Diplomado en Cultura Cubana, me pidió lo mismo, y esta fue mi respuesta: http://escombroshabla-neros.blogspot.com/2011/03/que-es-cuba-para-ti.html ahora Ángel Velázquez, Director del Instituto Cubano de Ciencias Culturales de la Diáspora (ICCCD) vuelve a esa interrogante.

Cubanidad, para mí, es el idioma –el único país que nunca te abandona– la jerga que te hace impar a pesar de la natural división sintáctica dentro de la misma lengua. No puedo ubicar a la comida dentro de esta definición contradiciendo a Eliseo Alberto Diego "Lichi" porque viví 18 años en Brasil, y la culinaria se encargó a aplacar mi saudade –palabra sin paralelos en español–.

Hablar de cubanidad es un delirio –y como tal irracional– que nos persigue, aunque sepamos que solo existe en la individualidad porque todos tenemos una visión diferente del mismo asunto. Pero debemos aceptar que ser cubano –nada ventajoso en esto tiempos– nos marca eternamente ya que el tiempo solamente se detiene en el duro oficio del exilio.

Esa nada ingenua pregunta es muy difícil de responder –porque desde su nacimiento– ya divide y nos lleva a esos extremos tan típicos y semejantes de ambas orillas.

IRMA SÁNCHEZ

Cubanidad, concepto en peligro de extinción

Cubanidad es un nombre que expresa carácter o condición de cubano. Cubano es un natural de Cuba.

Varias generaciones por 60 años han luchado por mantener su identidad de cubanos. Sin embargo, concretamente ese concepto se ha ido modificando con cada generación hasta convertirse en solo una caricatura del verdadero carácter y condición de cubano.

En Cuba es mejor ser extranjero que cubano. Nacer en la mayor de las islas del Caribe es una desgracia, ya no es una bendición.

Luchar por cambiar la situación interna del país se ha convertido en una tarea imposible, arriesgada, juzgada por todos y un campo abierto al oportunismo más miserable.

La educación, dentro del sistema comunista, manipula, desvirtúa y empobrece la identidad del ser humano: El cubano en Cuba no se considera persona, es un objeto, un robot, una piltrafa casi viva que lucha por la subsistencia cada minuto.

El hambre proverbial del cubano ha sido el mayor impedimento al desarrollo del pensamiento, la depravación de vitaminas, de los más elementales alimentos. La carencia de frutas en Cuba, sobre todo en las ciudades, linda con la violación de los derechos húmanos. El cubano no conoce las partes de una vaca, ni siquiera el sabor se conserva en su memoria. Se llegó hasta experimentar hacer picadillo con cáscara de plátano. No olvidemos el picadillo de soya, la pasta de oca, el *cerelax* y otros tantos horrores…

La *Cubanidad* son solo raíces maltrechas que tenemos que conservar, reparar, y mejorar para que un día podamos volver a decir con orgullo que somos cubanos.

María Llarás

¿Y sí la cubanía a mí me llama?

Me llamo María y tengo veinticuatro años, nací en septiembre de 1992 (el mejor año para la ciudad condal –Barcelona–), pero fui fecundada en La Habana nueves meses atrás.

Mis padres se conocieron en la calle 70 entre 17 y 19 (Municipio de Playa), ella es cubana y el español por equivocación.

Todas mis vacaciones de verano desde que tengo cinco meses han sido en Cuba, para mí La Habana era "mi pueblo de verano", –expresión que utilizaban todos mis compañeros en la escuela cuando se iban a los pueblos de sus padres dentro del territorio español.

Muchas veces, a lo largo de mi crecimiento, me han cuestionado el hecho de vivir llena de cubanía. No he nacido en Cuba ni hablo como los cubanos (ese acento tan meloso que arrebata a muchos), pero sentirse cubano no depende exclusivamente de esos dos factores. Tener estos genes es algo que no decides, es algo que no adquieres. Yo no me desperté un día y dije me quiero sentir cubana. No.

De hecho, si me centro en mi historia personal, particularmente en mi hermano y en mí, (el sí que nació allá), podemos decir que él, la cubanía la dejó en el aeropuerto José Martí o que me la entregó toda la primera vez que centró sus ojitos en los míos. Cuando éramos bien pequeños, todas las amigas cubanas de mi madre se volvían locas al ver como bailaba todas las canciones, y es que el ritmo parece que me lo quedé todo yo, porque mi hermano viene siendo eso que en Cuba se llama "patón". Ya de adolescentes podías ir a su habitación y verlo tumbado en la cama escuchando Linkin Park, mientras yo ordenaba mi ropa al ritmo de Adalberto Álvarez con la canción "para bailar casino".

Realmente, supongo que la crianza materna ha influido mucho en mi crecimiento y mis continuos viajes a la Isla hicieron que siempre deseara que llegara el verano para poder ir a mi tierra. Mi vocabulario (empleo muchas expresiones cubanas), mi carácter y mis gustos están relacionados con muchos rasgos visibles en la cubanía. Su cultura, sus gentes, su folklore y su esencia siempre me acompañan, están impregnadas en mí.

Y es que ser cubano no es más que preocuparse e involucrarse por lo que suceda allá y es sentir el peso de los años, también por el paso de los tuyos.

Si me preguntaran que es la cubanía, yo les diría desde mi corazón, que también lo soy yo o, mejor dicho, que también la poseo yo. Porque no es más que, sentir le emoción que te invade cada vez que divisas desde el aire las primeras palmas y casitas, es bajar del avión y percibir el olor de Cuba (porque tiene un olor específico que encandila), es ver la belleza de ese pedazo de tierra situado en medio del mar. Es dulzura, ritmo y sazón. Es, al fin y al cabo, llorar y extrañar cada pedacito de lo que tiene esa Isla hechicera.

Mi padre llegó de España para estudiar percusión por tres meses y se quedó un año. Después se enamoró de mi madre, normal, ¿Quién no iba a enamorarse de ella? Si ella representaba una parte del todo que es esa tierra. Imagino que a Colón le sucedió lo mismo.

Bien, que pierdo el hilo al hablar de Cuba. Sigamos con lo nuestro. No es correcto ni permisible negarle a alguien la cubanía por el hecho de no haber nacido allá, más de una vez he deseado que mi madre me hubiera tenido allí para poder decir con orgullo que soy cubana, porque entonces no se juzgaría mi cubanía o me tacharían de una españolita más fanática de Cuba… –por cierto, debo decir que adoro la cara de asombro que se les queda a muchos cuando empiezo a hablar con ellos sobre nombre de calles, lugares o historia.

Por tanto, no posee más cubanía aquel que nace y se cría en el país, conozco varios cubanos que han dejado de interesarse cuando emigran, que han cambiado su forma de hablar, que han adquirido otros hábitos e incluso llegan a identificarse más con la nueva cultura que los rodea. Yo personalmente no los juzgo, cada cual toma el camino que más le agrada y conviene.

Es cubano es el que sabe que Cuba tiene un olor y sabor particular, el que ama recorrer sus calles sin un sentido lógico, el que se sentaría en el Malecón horas por el placer de empaparse de felicidad. Es cubano el que anhela, sueña e imagina que aquello mejorará, el que cree que todos unidos somos un ejército invencible de cambio. El poder de la transformación ejerce milagros si todos, si siendo más, conseguimos agotar las últimas balas de aquellos que poseen el poder. Cuba es historia, alegría, sentimiento, plenitud, grandeza y lazos. El que entienda eso, entenderá por qué amo volver a mi tierra dorada.

Cubanidad, concepción teórica irreal

Cubanidad: concepción teórica irreal. Bajo su égida supuestamente se incorpora todo lo que, a los nacidos en la Isla, nos hace "más humanos y mucho menos divinos". Un "label" de excedida elasticidad y exagerado entusiasmo que se propone igualar bajo un rasero de corte sociológico a una nación de naturalezaególatra, irreverente, y en ocasiones pedestre, que no es tan homogénea como aparenta, sobre todo luego del 1959. Un "ajiaco", como se deleitan en nombrar los "entendidos" de la oficialidad sociográfica y cultural cubana, y que algunos repiten aquí, del que Sartre no supo jamás si era efervescencia o cumbancheo.

En fin, *cubanidad,* un "todo" que, dentro de lo positivo que intenta exhibir como origen, se une de forma idéntica lo que en realidad, en muchos casos, debía apenarnos; una percepción con la que no me siento cómodo, sobre todo con la que "habita en la otra orilla", y reitero, después del 59 se muestra divida y ha sufrido (si, sufrido dolorosamente) cambios según los "estándares" que la definen, (lo que ha de tener muy disgustado Fernando Ortiz), por lo que en sobrados ejemplos resulta un axioma deplorable que los "criollos antiguos" aseguran desconocer y finiquitan repudiando; uno de los peores daños de la revolución es antropológico y la recuperación tomará décadas y varias generaciones.

Sin embargo, le aclaro a los que podrían ruborizarse con mis palabras, u odiarme en el peor de los casos, soy cubano, y no hay algo que me disguste más que, luego de comerme un plato de arroz blanco con frijoles negros y "ropa vieja", vengan a decirme que había aguacate y olvidaron ponerlo a la mesa; soy cubano, bajo el signo de Libra, y gesticulo, hablo alto, interrumpo a mi interlocutor y soy apasionado, pero no por eso me siento orgulloso; soy cubano, eso sí, sin formulismos "metatrancosos" que me ubiquen por definición en una manada…

Ariel Pérez Lazo

Aproximación a la cubanidad

Son ya abundantes y de cierta antigüedad las reflexiones sobre la existencia de la condición nacional. Cercanas a nuestro contexto cultural están *El laberinto de la soledad* de Octavio Paz, Las *Meditaciones del Quijote* de Ortega y Gasset y la *Indagación del choteo* de Jorge Mañach, por solo citar tres celebres ejemplos. Pareciera que nuestro tiempo pese a las sucesivas revoluciones tecnológicas, no ha dejado de insistir en lo peculiar y fragmentario del fenómeno humano, eludiendo todo cosmopolitismo *a priori*.

Ahora bien, ¿Qué nos define como nación? ¿Hay que tomar la presente crisis política y económica cubana como un irremediable signo de perdida de lo cubano? En medio de la Reconcentración o al terminar la guerra Hispano-Americana eran pocos los que pensaban en que la nación estaba en crisis, excepción hecha de los anexionistas, interesados en salvar el cuerpo, el país, y no el espíritu de la nación. Hoy son más los preocupados por salvar el espíritu de la nación que su propio espacio físico. Pareciera como si Cuba se nos escapase, se nos desvaneciese tanto en la diáspora como en el archipiélago.

De ahí que nuestra crisis sea más grave que la propia que la del 98. La España intelectual, frente a la derrota, frente a la civilización angloamericana y moderna, opuso el espíritu, la perfección de la alta cultura como esencia de lo nacional, consciente que no podía hacer frente al mundo anglosajón con la técnica y el capitalismo. Hoy se trata de inventar, de dar nuevas formas a lo que conocemos como lo cubano. Tras el desplome del comunismo el gobierno de la isla hizo del nacionalismo el centro de su ideología, pero a la vuelta de un cuarto de siglo nos encontramos con la crisis del nacionalismo en ambas orillas. La frase, o más bien la queja: *Ay si los ingleses no hubieran cambiado La Habana por la Florida* (en 1763) o *Si los americanos hubieran hecho en 1898 con Cuba lo que hicieron con Puerto Rico* se escucha, a nivel del hombre medio, con naturalidad y certeza de evidencia tanto en Hialeah como en La Habana.

En Cuba no se puede sustentar el sistema neocomunista con el nacionalismo porque este está herido gravemente y en el exilio no se puede sustentar el anti-neocomunismo con el nacionalismo por la misma razón. Lo peor, los viejos exiliados no se reconocen en las nuevas generaciones de cubanos, ni estos con sus coetáneos hijos o nietos de estos exiliados en este lado del Estrecho de la Florida. De ahí que el resultado es la inacción de dos fuerzas que recíprocamente se anulan, por lo que a diferencia de varios intelectuales de la generación de los 80, pienso que el problema no es un exceso de nacionalismo, es precisamente la ausencia de este. Lo que hemos tenido durante varias décadas ha sido un recaer en el pasado, un enquistamiento en determinados hitos nacionales, una embriaguez retorica ajena al verdadero nacionalismo. Se ha vivido dentro de Cuba y fuera de ella con un interminable *decreto Spottorno*, signo de la debilidad de los proyectos de nación ofrecidos.

Ahora, más allá de un análisis en lo meramente político del asunto, podemos pensar en lo que define ese espíritu de la cubanidad que se nos escapa. Me asomo a ella de una forma intuitiva, desechando el método mecánico que haría del carácter nacional la suma o mezcla mecánica de sus elementos culturales: lo español, lo africano, y algo de chino, libanés, judío, italiano etc. Quizás pensemos en lo cubano como una espontaneidad y carencia de cuidado frente al prójimo–ese cuidado (Sorge) que Heidegger ponía como esencia única del hombre– lo que nos pondría en grave desventaja frente a otros pueblos, inclusos del círculo cultural "latino".

Del "indio" (del continente) por ejemplo, se dice, es desconfiado y sobre esta desconfianza se ha modelado una cultura más allá de la raza. Sin embargo, frente a Heidegger y su énfasis en el cuidado, puede reivindicarse esta confianza en sí y el entorno como uno de los rasgos que Nietzsche veía en el espíritu guerrero. Si algo nos podría definir entonces es una escasa proclividad al resentimiento. De ahí lo ajena que resulta la aspiración de *conquistar toda la justicia*. *"En la mejilla ha de sentir todo hombre verdadero el golpe que reciba cualquier mejilla de hombre"*, escribía Martí –y nos lo recuerda el neocomunista Enrique Ubieta– pero Martí habla de evadir la indiferencia al mal no de erigir una cruzada justiciera. Si ponemos forma –kantianamente hablando– a esta espontaneidad, a esta ausencia de desconfianza y resentimiento, podemos quizás preservar lo más elemental de la cubanidad.

No sé lo que significa cubanidad

Es difícil definir un concepto tan frágil, tan fluido y a la vez tan matizado, en mi caso, por un cataclismo político. Cuando pienso en ello me saltan palabras aisladas. Las primeras son hipérbole, mimetismo y sobrevivencia. Luego me vienen choteo, desparpajo y escepticismo, que no son necesariamente negativas, no soy Mañach. Chisme, pasividad, insolidaridad. Palabras juntan identidad.

Quizá *cubanidad* es comerse una ración de churros, en el parqueo de *La Palma*, en el carro, con el aire acondicionado puesto y en la radio suena a todo meter Guns N'Roses entonando Sweet Child O'Mine, mientras uno recuerda cómo se oía a los *Beatles* a escondidas. O puede ser pontificar con gran autoridad sobre un tema sobre el cual se tiene total desconocimiento. O puede que también sea que todos los problemas los resuelve Lola con su movimiento.

De todos modos, parafraseando al juez Potter Stewart (él se refería a la pornografía, yo a algo parecido), no sé lo que significa *cubanidad*, pero la puedo distinguir en cuanto la veo.

Cubanidad es universalidad

Quiero un sombrero/ de guano, una bandera/ quiero una guayabera/ y un son para bailar. Eso, de un modo simplista y folclórico, sería la cubanidad. Yuca. Tojosa. Cangrejo. Marabú. Como gran Espejo de Paciencia –localista, sin dudas– la ubicaría en la geografía. Manigua. Mambí. Machete. Guáimaro. Jimaguayú. Turquino. Plaza de la Revolución. La colocaría en la política. Pero todo tan sesgado, tendencioso. Hala y estira. Dale a quien no te dio. Señor. Compañero. Asere qué bolá. La sitúa en lo sociológico. Blanco. Negro. Chino. Jabao. Ajiaco. Todo mezclado. Búsqueda antropológica primitivista. Nostalgia. Melancolía. Diáspora. Pertenencia: teleología rezumante, romanticismo tardío. Al combate, corred, bayameses: vosotros, ustedes. Yo los apoyo. Y "al cubano que en ella no crea/ se le debe azotar por cobarde": tiranía, conmigo o muerte, ausencia de otredad. Gracia, José Martí, "Patria es humanidad". Cubanidad es universalidad. Qué virtud no poseemos, qué miseria no cometemos. Todos creemos ser extraordinarios, no importa la latitud, el río del bautismo, la sede de la herejía, y ese factor común es lo nos vuelve ordinarios, nos torna, en fin, humanos. Muchas veces me he preguntado qué es terricolaridad, qué es universalidad. Cubanidad es entonces el reto de llegar a ser un terrícola humano e inclusivo.

Rafael Saumell

Cubanidad es mejor y peor

Me resulta imposible describir qué es "cubanidad" porque no se trata de la ciudadanía alcanzada por naturalización ni por lugar de nacimiento u origen, o por sentimiento de pertenencia. No se trata de menús que son muy elusivos en el archipiélago, pero fácilmente disponibles fuera de allí. No se trata del acento en el habla porque hay provincias y regiones donde se pronuncia de manera distinta. Ya Nicolás Guillén aclaró que los negros de sus poemas son habaneros, no camagüeyanos, del siglo xx que no del xxi, subrayo. No es lo mismo "papaya" que "fruta bomba". No es el himno de Bayamo interpretado en actos del partido único o por los opositores de adentro y de afuera. Con la bandera también pasa lo mismo. Con la música igual. Martí desune, pregunten a Fernández Retamar y a Carlos Ripoll. Sin embargo, recuerdo que Fernando Ortiz escribió algo que no parece definitivo y por eso resulta lo más acertado para este caso: "…la cubanidad no solamente está en el resultado sino también en el mismo proceso complejo de su formación, desintegrativo o integrativo, en los elementos sustanciales entrados en su acción, en el ambiente en que se opera y en las vicisitudes de su transcurso" (*Los factores humanos de la cubanidad*, 1940). De manera que cubanidad no es ni el gobierno imperante, ni la constitución vigente, ni lo que dicen y han dicho los dos únicos políticos actuantes en Cuba desde 1959. Es mejor y peor.

JORGE CARRIGAN

Cubanidad, bailando un danzón cada domingo

¿La *cubanidad*? La música en los pies de mis abuelos bailando un danzón cada domingo. La patria en la voz de mi madre, cuando me dormía cantándome aquello de allá en el año noventa y cinco y por la selva de Mayarí. Las puertas y ventanas abiertas y los vecinos compartiendo un café a cualquier hora. Martí y Sindo Garay; Babalú Ayé, Bola de Nieve, cultivo una Rosa Blanca, el Sagrado Corazón de Jesús, las penas que me maltratan, son tantas que se atropellan, Shangó, Beny Moré, Yemayá y si vas al Cobre quiero que me traigas una virgencita de La Caridad. El Malecón, el color del cielo, Viñales, el mar. Cuando a Varadero llegué, conocí la felicidad; y la primera vez que le preparé unos frijoles negros a mi hijo, nacido y criado en Canadá, y me dijo en un casi indescifrable español: "Papi, está rico".

Giordan Rodríguez Milanés

La cubanidad vista desde Cuba

La cubanidad denota el conjunto de resultantes culturales en constante construcción, verificables y susceptibles de generalizar antropológicamente, que identifican a los cubanos consigo mismo, y a los extranjeros con Cuba, sobre ideo-políticas o tendencias eventuales. "Lo cubano": toda su diversidad y alcance bajo influencias foráneas y el legado originado en Cuba, o la expresión social de los valores y acervos cubanos en cualquier circunstancia y desde cualquier lugar: la Patria, la diáspora. Cierta ensayística confunde la cubanidad con "cubanía". El término "cubanía" suele soslayar lo considerado, por los ideólogos en el poder, como políticamente incorrecto, contrario, dudoso o que atenta contra la independencia o la soberanía o va en contra de "lo revolucionario" comúnmente confundido con "lo patriótico". De tal modo la bandera de Teurbe-Tolón, creada por y para los anexionistas, sin embargo, se usó como estandarte por los patriotas mambises, y la ensayística oficialista isleña la define como un "símbolo de cubanía" cuando, en realidad, tanto como la bandera de Céspedes, son símbolos indexados a la cubanidad. Celia Cruz, al universalizar la música popular surgida en la isla, representa la cubanidad tanto o más como le adjudican cubanía a Silvio Rodríguez que, si estrecháramos la mente y nos fuéramos a sus influencias estéticas originadas en el rock, el jazz, la poesía de Vallejo, podría la obra del trovador considerarse alejada de "lo cubano". De modo que la cubanidad sería aquellas singularidades trascendentes histórica y universalmente favorecedoras de que nos reconozcan, y nos reconozcamos, cubanos.

Cubanidad desde Colombia

91

Cubanidad es un sentimiento intenso y definido que viaja por el mundo en nuestro corazón y que vibra con la sabrosura del son, ¡la sandunga del guaguancó y la melancolía del bolero.

Cubanidad, rasgos del choteo

Pero se dijera que es sino de las culturas el retardarse a sí mismas por la virtud de sus propios efectos. La cultura, en un pueblo sometido, engendra la acción, y la acción siempre sumerge temporalmente la meditación. Así, las guerras libertarias, consecuencia en cierto modo intelectual, ahogaron la intelectualidad. Aunque la acción libertadora no fuese entre nosotros ni tan intensa ni tan unánime que enlistase en su servicio todos los espíritus superiores, antes bien se desarrolló como al margen de las disciplinas ciudadanas, estas disciplinas, sin embargo, perdieron la unidad y la tonicidad interiores que habían tenido antes de la Revolución. Toda, o casi toda, cubanidad fervorosa se trocó en esfuerzo para la manigua. En las ciudades quedaron, abogando por el integrismo y sus matices, espíritus de indudable vigor; en el silencio de las bibliotecas y de los gabinetes, continuaron sus devociones algunos cruzados de las letras y de las ciencias; pero la unanimidad espiritual, la comunión de ahíncos, el fervor de idealidades remotas, se diluyeron en la atmósfera cargada de inquietudes y disidencias. La guerra de independencia, pues, al destruir la unidad espiritual de la cultura, desterró de entre nosotros la contemplación, nodriza perenne del saber, y nos conquistó la dignidad política a cambio del estancamiento intelectual.

¿Ha de extrañarse, pues, que las primeras décadas de nuestra vida republicana hayan sido nada más que un epinicio confuso y estéril, un desbandamiento de mílites orondos, con algo de vandalismo hacia la cosa pública y mucho de caudillaje y de indisciplina? La Historia no improvisa halagos ni ofrenda regalías. Lo que da, lo cobra. Toda conquista culminante pide su sacrificio previo y exige sus réditos de desengaño. Una revolución política que triunfa trae consigo, fatalmente al parecer, un período sucesivo de apatía, de indigencia ideológica y de privanza de los apetitos sobre el ideal. Abocados al panorama ubérrimo de juvenil albedrío, creyeron los cubanos de la pasada generación que podían seguir viviendo en usufructo de los viejos ideales triunfadores y que el progreso se nos daría por añadidura. Hubo un descenso general en el tono anímico de nuestro pueblo. No se comprendió la necesidad urgente de buscar un contenido trascendental para la patria meramente política que acababa de ganarse. Creyéndolo totalmente utilizado, se desechó el espíritu colectivo, y el individuo se afirmó reclamando sus derechos en la conquista de todos. Al desinterés, siguió la codicia; a la disciplina, el desorden pugnaz; a la integridad de aspiración ideal, una diversificación infecunda; a la seriedad colectiva, el "choteo" erigido en rasgo típico de nuestra cubanidad.

Bohemia

15 ¢

La cubanidad vista desde la otra orilla

Es una isla inventada y no nos podemos desatar los que una vez tuvimos la oportunidad de caminar por sus calles, oler el salitre de sus costas, sentir el calor de un sol que no abandona, castiga y no cede ante el frío que viene del norte.

Fernando Ortiz cuando define qué es ser cubano dice: «Ser cubano son dos cosas; primero, la conciencia de serlo». Pero lo segundo es más trascendente: «Y la voluntad de serlo»,

Es algo intangible, no podríamos compendiar en una frase, se siente, pero solo existe en el alma, allende del alcance de nuestras huellas.

Es una premonición presente en cada criollo, en cada tierra donde llevamos las semillas de nuestra diversa y anti homogénea cultura.

Es el amor a la patria y sus símbolos que dejamos atrás y sabemos que habita en algún crepúsculo.

La encuentras en las montañas del cantábrico, en la Nigeria o en el Benín antiguo, en las islas canarias o simplemente donde exista en espécimen forjado de disímiles culturas, un ajiaco de etnias, formadoras de la conciencia nacional.

No se puede definir, pero está en la memoria colectiva, es tan intangible como definir que es la gnosis, la conciencia del ser.

Mi cubanidad es ser guajiro guantanamero

"Todo hombre tiene un vínculo natural con su familia y la tierra donde nace, el que no lo tenga o lo pierda, vivirá por siempre en un limbo existencial". Para querer a tu país tienes que querer a tu pueblo, municipio, a tu provincia y no padecer del síndrome del guajiro" yo pa' tras no viro". Y ni "bolo", ni "Yuma", criollo, o mejor: "guajiro guantanamero" por mucho que me "aplatane".

Michael H. Miranda

Cubanidad, festón y hojeo

Ni diez años fuera de Cuba y ya me siento demasiado lejos y en posición incómoda para detenerme en términos como el de cubanidad. Esto, en un sentido estrictamente temporal, es engañoso porque ya me sentía ido, anulado, en un estado de descolocación, años antes de hacer el viaje. El caso es que la palabra misma, todo el debate que pueda suscitarse a partir de ella, me parecen extemporáneos. Perdón, tenía que decirlo.

Cuba, lo cubano, son ahora como un rumor, un asunto de otra magnitud, de la que me voy desentendiendo, hurtando. Un nacido cubano, oriental, ahora entre lomas, en el *spleen* del Midwest, isla de Arkansas.

Pues, si nací en Cuba, ¿cómo definir lo que he sido? ¿Es Cuba en realidad un modo de comportarse, de asumirse, una forma atropellada de ser, una sintaxis manipulada, un modo de leer?

La cubanidad como anomalía nos deja vestidos a medias, no sería una anomalía pues ésta es siempre privada, es decir, lo anómalo soy yo, toda condición nacional vendría a serlo.

Sería rizomática, pero únicamente en el sentido de que constituye multiplicidades con numerosos límites y propósitos. Como puede verse, nada de eso va a estar claro para mí. Supongo que escribimos y leemos para continuar la búsqueda y aclarárnoslo, o tal vez para reafirmarnos en nuestra indefinición.

Hace tiempo que lo que es realmente importante para mí en términos intelectuales toma la forma desdibujada de una interrogación, una que está muy lejos de ciertos rasgos identitarios asumidos como unívocos o totalizantes. Cómo alcanzar una definición a partir de ahí.

Puede que me interese mejor digamos la página perdida de aquel Diario en lugar de una catarata de certezas sobre una condición que es por naturaleza inasible. Con todo, hay lugares que portan cierta imantación porque pertenecen a una biografía personal. Pero cómo saber que son esos lugares y no aquellos que tramitamos desde la memoria, que muchas veces es generosa.

Yo recuerdo que en apenas dos versos Martí junta patria y noche, justo lo opuesto a cierta luminosidad insular, y que solo cuando regresa al suelo natal recupera una cartografía de la tierra que pisa: jolongo, curujeyal, jatía, dagame, guásima, hamaca, yerbal, el verde del limpio: "Todo es festón y hojeo", dice, y ni siquiera.

Pero también que Julián de Casal aborrecía el hastío del siempre azul (cielo) y el siempre verde (campo) y se perdió entre fiebres por senderos soñados entre montañas alpinas o pirineas. La condición Casal se repite hoy en la anécdota de una cubana que sobre la tumba de Baudelaire deja la foto de su padre muerto porque el poeta francés la había salvado del suicidio.

Así, es cierto que la cubanidad no se desliga de políticas ni de míticas, mucho menos de un intrínseco capital simbólico. Las patrias siempre paren seres dados a explicarlas. Lo cubano como abuso de un absurdo que se vuelve totalidad me conduce a rastrear otras zonas que quizá me expliquen mejor.

Hace décadas también se ligaban teluricidad y azúcar, pero ya ésta última no existe más en los términos que conocimos por cierta poesía republicana. Tampoco hay que verla lejos de aquellas tres D (delirio, delicia, derroche) que menciona Marqués de Armas a propósito de sus lecturas del estilo Lezama.

Pero así es y así no es. La falta de gravedad, la carencia de gravitación, el no rigor, todo contrapuesto al peso del mundo, parecen ser consensuadas formas de la cubanidad, pero es apenas un modo más de señalar y desligarse de una "canaille".

Si pienso aquellos páramos de infancia y adolescencia es como si allí volviera: encuentro una *terra incognita*, un destartalo garcíavega de gente y escombros, un lugar donde no me reconozco y cuyo aporte en el sentido de pensamiento sería nulo.

Eso, gente y escombros. Por aquella calle de tierra pasaba un studebaker envuelto en polvo. Asumamos que ya aquel polvo no existe, que lo ha sustituido un polvo nuevo, igual de estéril, pero la manera en que aquel extraño artefacto reaparece de vez en cuando me hace preguntarme, figurarme un origen a partir de quien lo mira.

Y en ese origen hay palabras, algunas imágenes, que apenas son "una precisa variación de la concentración".

la cubanidad es un estado anímico

La cubanidad no es un modo, no es un pueblo, una provincia, no es una historia, ni un estado anímico. Sin embargo, para describirla (¿llevarla adentro?) no hay que emborronar cuartillas, escribir mucho, ni citar esto, aquello, lo otro o tratar de prenderse de una costilla de puerco chorreando grasa en el paladar y con los acordes de un laúd en el rústico portal de cualquier bohío cubano, amenizando la tarde. Tampoco es distraerse con el "cantío" del gallo al amanecer, ni contemplar a pleno sol como "comandante" y "bandolero", surcan y mojan la tierra con su eterno babeo, mientras el rigor y la vergüenza arden, *cristalean* en la frente campesina, con la sencilla manera de garantizar una cosecha bien lograda. No es recoger guayabas, pregonar yerbas curativas, irse el día de San Juan a quemar trapos y papeles.

Caerle detrás al hombre de los zancos, tocar puertas y desprenderse a correr más rápido que el susto. Menos pasar por una ceiba, dejar en uno de sus tantos rincones, cocos, maíz, tabaco, cintas azules, amarillas, rojas y una que otra paloma, pedazos de cazuela, imágenes de yeso, medallas y oraciones. Disculparse con los Orishas, tomar unos centavos (kilos prietos) con la mano izquierda, luego lavarse la mano con orina, para burlar todo mal y azorar los hechizos calculados. Nada. No sé. No hay palabra, idea, gesto, efecto, ni combustible espiritual para acelerarla en lo más hondo de nuestra nacionalidad y que sean capaces de situarla y definirla en toda la extensión de su patrio-llamado.

Tal vez, más que una visión, una costumbre, un quehacer de la sangre, digamos, que es nuestra cubanía misma, con todos los ingredientes de marcadas tradiciones, que nos distingue donde estemos, donde hablemos o discutamos, porque cada uno es un pedazo de su isla, que usa ropa, sueña, vive, sufre, canta y camina mostrándole al mundo lo que es llevar un verde sin final en el corazón. Así de sencilla, humilde, bromista y bonachona del brazo del cubaneo la mencionada: Cubanidad.

Waldo González López

La cubanidad, lo cubano... ¿o el cubaneo?

Ante todo, te diré, *colegamigo* Ángel, que llegué con mi esposa Mayra a Miami, tierra de libertad, el primero de Julio de 2011 y, apenas descendimos del avión –tras la emoción del reencuentro, los abrazos y besos, le aseguré a mi hijo Darío Damián, mi nuera Raysa, mi cuñado Osvaldo y su esposa, Daisy, quienes nos esperaban en el aeropuerto– que nunca iría ni de visita mientras el castrismo esté en el poder. Y tal decisión fue confirmada al dejar vencer nuestros pasaportes, que no pienso renovarlos. Con este dato de la fecha de nuestra llegada, recalco asimismo que conocí y padecí *in situ* carencias de todo tipo, sobre todo, falta de libertad, como muchos de mis coterráneos, aunque mi cuñado primero y luego mi hijo nos ayudaran mensualmente durante varios años con el envío de dólares que cambiábamos por ese infame invento del castrismo: los «cuc» o «chavitos», como se les conoce *vox populi*.

Pienso que la cubanidad y lo cubano, fueron y son todavía vocablos-conceptos empleados en los estudios culturales de la Isla para definir la esencia de nuestra nacionalidad. Mas, asimismo, incluyo en el título de mi respuesta una tercera locución: «el cubaneo», porque reúne tres aspectos definitorios que afectan dicha decisiva esencia: la vulgaridad, la irrespetuosidad y la pérdida de valores, tan presentes en la sociedad cubana de hoy, tal se constata en no pocas personas y, sobre todo, «artistas» visitantes durante los últimos tiempos, invitados a clubes miamenses de poca monta, si bien la administración trumpista está implementando acciones para controlar el hasta muy poco tiempo atrás –obamato mediante– persistente arribo de representantes de esa producción ¿cultural? llegado desde nuestra paupérrima Isla (me resisto a emplear la más apropiada voz «archipiélago» por ser un término geográfico y nada poético).

Muchos colegas han respondido a tu pregunta con visiones idílicas que muy poco coinciden con la realidad actual de nuestra querida Cuba, pues sus argumentos se remiten a sus ya lejanas vivencias en la Patria, porque no la han visitado durante mucho tiempo, plausible actitud porque de tal suerte no apoyan el sexagenario castrante-castrismo-castrador de nuestro país, como de los términos que encabezan mi respuesta. En consecuencia, las respuestas de estos *colegamigos* en la mayoría de los casos están teñidas con una hermosa palabra: «nostalgia», empleada por quien escribe en su poesía desde los propios títulos –como se constata en últimos poemarios editados en Cuba, así como en el único publicado en Miami por Ediciones Baquiana. Y es que, con ella, como con otra portuguesa muy afín: «saudade», he evocado inolvidables instantes de la adolescencia y la juventud tan distintas a las experimentadas por los jóvenes de hoy que lógicamente ignoran absolutamente nuestras *praxis* por no haberlas vivido, en tanto solo conocen la indigencia actual de nuestro país. Y es que Cuba ya no es aquella que vivimos quienes hoy tenemos, como quien escribe, ya más de siete décadas e incluso, menos, pues aquella, brutalmente transformada por el castrismo desde 1959, no es la que disfrutamos quienes hoy residimos en el exilio ni tampoco nuestros contemporáneos que aun padecen el lamentable insilio de vivir una atroz dictadura de casi seis décadas.

Cuba, el país, es, claro, un amoroso recuerdo que nunca olvidaré, solo eso, pues mantengo mi negativa de regreso, si bien no critico a quien lo haga. Y es que, durante mis últimos meses en la Isla, casi caigo en prisión (como saben no pocos amigos de aquí), debido a un serio problema que tuve con un viejo chivato del barrio en una parada de ómnibus a solo dos cuadras de las calles Infanta y Manglar, donde vivíamos. Entonces, ¿cómo voy a regresar a mi país, si mis recuerdos de nuestros últimos tiempos allí fueron terribles?

Cubanidad, un sentido de pertenencia

En estas mismas páginas fueron publicadas opiniones sobre la *Guantanameritud*. Y así podríamos abordar el tema de la "santaclaridad", la "habanacidad", la "pinareñilidad"… y hasta el infinito…

Vaya, que un santiaguero muy poco o nada tiene que ver con un pinareño y lo mismo ocurre entre un camagüeyano y un artemiseño. Nos han dicho que somos latinoamericanos; una condición que explotan mucho los politiqueros, sobre todo.

Pero en nada se parecen un costarricense y un salvadoreño o un venezolano y un mexicano o un argentino y un cubano.

A la hora cero, quien extraña su patria –a su país, Cuba en este caso–extraña la calle donde vivía, las paredes frente a su casa o la gallinita o el perro del vecino. O añora aquel sillón donde se sentaba en las tardes…, esa es ahora su patria, no otra cosa…

Los checoslovacos tenían una patria –un país– y resulta que luego el territorio se dividió y ahora los checos viven en un país y los eslovacos en otro… sin que hasta el presente haya surgido una guerra civil por tal decisión o ataques masivos de melancolía…

¿Será cierto lo de la "flema" inglesa o la "puntualidad" alemana o la "pasión" argentina…? ¿O solo ocurre que por una u otra razón estos rasgos se han "divulgado" de modo especial y expreso y así han sido tomados (¿por los sociólogos?) como valores "típicos" de los grupos humanos señalados? Vaya…

En fin, jurídica, legalmente pertenecemos a un territorio. Y nomás que eso…

¿Qué es la cubanidad? Pues solo un sentido de pertenencia… que como tal puedes sentir… o no…

La Cubanidad es una cosmovisión

La Cubanidad es una cosmovisión, una forma de asomarse al mundo y entenderlo a través de tradiciones, creencias, mitos, costumbres, pautas de conducta y de comunicación. En palabras de Don Fernando Ortiz, "es principalmente la peculiar calidad de una cultura, la de Cuba. Es condición del alma, complejo de sentimientos, ideas y actitudes."

La Cubanidad, como el ron añejo, es el resultado de un largo proceso de elaboración. La geografía jugó un papel determinante en su surgimiento. Una isla llamada Cuba, situada en el epicentro de las Américas y tocada tangencialmente por la majestuosa Corriente del Golfo, se convierte en "la Madre para poblar la Nueva España y abastecer la Tierra Firme". Gracias a esa situación privilegiada en el camino marinero de ida y vuelta, confluyen y se fusionan vigorosamente las razas y culturas más diversas como en ningún otro lugar de la región.

Continuando con el símil del ron, esa diversidad confluyente representa las mieles finales con las que comienza el proceso de fermentación y destilación de la Cubanidad: el mestizaje. Ya tenemos aguardiente, pero aún queda un largo camino por recorrer.

La Cubanidad en ciernes necesita un proceso de maduración, de siglos en los que el "aguardiente" inicial se enriquece, se diluye para que adquiera el grado de alcohol adecuado, se filtra, purifica y mezcla con aguardientes de diferentes generaciones y momentos históricos para continuar añejándose. Siglos de avatares y tensiones, de difícil convivencia y aprendizaje colectivo, de lucha entre fuerzas centrífugas y centrípetas, de arraigo y formación de una identidad hasta alcanzar la excelencia del mejor ron añejo, cuando individualmente el cubano adquiere la conciencia de serlo, cuando el concepto deja de ser una condición genérica o circunstancial para convertirse en un rasgo esencial de lo que es y/o de lo que quiere ser.

Yo no puedo ni pretendo ser otra cosa que cubano. Pero para ello no necesito vivir en Cuba. Es más, hoy no podría ejercer allí mi Cubanidad, porque no tendría la posibilidad de vivirla y expresarla plenamente. Es lo que ocurre cuando la individualidad está proscrita. No añoro las Palmas Reales ni Varadero, ni tengo necesidad de pasear por el Malecón. El solo hecho de imaginarme allí me produce angustia. Como dijera la poetisa María Elena Cruz Varela, cuando me fui de Cuba no perdí un país, gané un mundo. Esa es la diferencia entre el desarraigo y la identidad.

La Cubanidad es portátil. Todo lo que veo, percibo y siento se objetiviza subjetivamente pasando por el filtro de mi herencia socio histórico cultural y de mis vivencias, desde la Alhambra de Granada hasta el Museo del Louvre, desde mi forma de entender y practicar la amistad hasta los acontecimientos políticos. Más allá de evidentes semejanzas, mi "decodificador de la realidad" es diferente al de un andaluz o al de un castellano manchego. El mío es un vitral habanero.

Cualidad y esencia no son sinónimas. No tengo nada que ver con los "aseres", los "moninas" y los "consortes" de cualquier raza o condición, ya vivan en Cuba o en el extranjero. Todos los cubanos no son mis hermanos. La chabacanería no es un rasgo de la Cubanidad, es una actitud ante la vida que me produce rechazo y vergüenza cuando alguien pretende equipararlas.

En la epidermis hay cosas más amables que me provocan una sonrisa. La inmensa mayoría de los cubanos sería capaz de responder correctamente y sin titubear a estas preguntas: ¿A qué hora mataron a Lola? ¿Qué le pasó a Chacumbele? ¿Qué quiere el Bobo de la Yuca? ¿A quién tumbó la mula? Una más, ¿Qué guarda la gente cuando se muere? Esa complicidad es impagable, y alcanza sus cotas más elevadas cuando un cubano le dice a otro la frase "ya tu sabes" (incorrección gramatical incluida) que sintetiza magistralmente los saberes y "opiniones compartidas" acerca de un tema. Yo sé que tú sabes que yo sé, y no hay más que hablar.

No voy ejerciendo de cubano por la vida. No como arroz con frijoles habitualmente, bebo Gyn&Tonic, a las gavetas les digo "cajones" y a las fosforeras "mecheros". Pero hay un día en el año en el que no hago concesiones. Me preparo concienzudamente y hago acopio de todos los ingredientes necesarios para cumplir con el ritual. Elaboro una cena cubana "con todos los hierros" y al terminar el festín me siento en el sitio más cómodo que encuentre, con un vaso Old Fashioned lleno de ron añejo y un puro. Al fondo se escucha a José Antonio Méndez cantando "Novia mía". Claro, es Nochebuena.

Osman Avilés

La cubanidad tiene su propio mundo

La cubanidad, entendida desde una energía impresionista Cuando en el año 2014, después de vivir varios meses en el sur de México, decidí cambiar la ruta de mi destino e ir a vivir a Estados Unidos, la altura sobre el nivel de mar de aquel país había hecho estragos a mi salud y la presión arterial estaba tan alta como lo empinado de los volcanes. Sin duda, yo extrañaba el llano de mi ciudad y no entendía el frío en las noches estivales. Cuando miraba el horizonte, el paisaje montañoso, podía comprobar que en el fondo del paisaje no había mar, sino la basta tierra del continente. Me daba cierto regusto pensarlo, como haría cualquier criatura de isla que pisa por primera vez, tierra firme. Pero extrañaba el mar y este sentimiento de nostalgia apuntaba al origen y mi idea de cubanidad. La cubanidad, entendida desde una energía impresionista, es como un sentimiento filial, esa afirmación hacia una persona que se le desea todo lo bueno y próspero del universo. También es reflejo de tradiciones y costumbres sin los cuales el espíritu humano perdería su sentido. Es afirmación de una historia y negación de otra; orgullo y decoro con autóctona vocación familiar. Pero la cubanidad tiene su propio modo de entenderse desde la diáspora: es aroma, recuerdo del paisaje caribeño, esbeltez, color y calor, música y nostalgia… Esa atracción emocional –que pasa por el tamiz del amor y, además, por el mundo asociado al dolor– es un hecho de apología del corazón,

tan consciente como profundo, y, en consecuencia, la bien
definida huella del ser cubano. Cuando llegó el otoño y yo
descubrí, al fin, las hojas secas de los árboles en la huerta, al
cabo de varios meses, decidí emprender viaje hacia el sur de
la Florida, donde el paisaje natural, el clima y mucha gente,
se parecen a Cuba. Desde este otro borde del mundo, mi
isla sigue siendo la más soñada. Osmán Avilés

Guillermo Arango

Cubanidad, lenguaje y cultura

Al igual que los términos "hispanismo" y "latinidad" llevan una urdimbre de identidad, alrededor del tema "cubanidad" se ha forjado, por igual, una urdimbre constitutiva. Para descifrarlo o interpretarlo, creo que todos tendremos definiciones o, mejor dicho, acercamientos al término muy disímiles, debido a que es, realmente, un estado de sensibilidad. Sería difícil, casi imposible, intentar una explicación llena de exactitud –siempre personal– aunque sea tan solo con ánimo meditativo. Bien sabemos que no lleva características físicas, sino que el vocablo implica una forma de ser, el desarrollo de una personalidad, el complejo tejido humano que llevamos, y el valor que le damos a las cosas. Somos una mezcla instintiva, peculiar y característica de una nación –grupo, sociedad– que aúna y refuerza todos sus vínculos posibles para definirse. Por otra parte, como insulares, con límites étnicos y geográficos, poseemos una cosmovisión muy distinta a cualquier persona de tierra firme. Creo que, en nuestra circunstancia, en nuestro presente arraigamiento existencial, para buscar no ya una definición sino el espíritu de ese sustantivo, tal vez algo abstracto, que es la "cubanidad", hay que inquirir en el idioma. Lenguaje y cultura, no hay forma de separarlos. Es aquí, sin duda, donde adquiere presencia y vigor, donde se cala a fondo la verdadera esencia de la expresión.

Ángel Velázquez Callejas

El espíritu de la cubanidad y los medios

Que la cubanidad constituye la forma simbólica, jurídica y espiritual en virtud de proteger la vida colectiva del cubano no cabe la menor duda para la ciencia cultural inmunológica. La cubanidad, en este sentido, representa un estado de la metafísica de la inmunidad cultural, en cuya sociedad la cubana queda suspendida frente a la perenne peligrosidad de la aculturación.

La cubanidad, por ende, se traduce en cuatro signos vitales de la cultura inmunológica del espíritu: en la respiración y ritmo de la transmisión hereditaria del matrimonio y la identidad; en el latido del mestizaje étnico; en la presión espiritual de las tradiciones populares y los sistemas mágicos religioso y en la temperatura de la cosmovisión ritual del imaginario colectivo ante trascendencia y la muerte. Todos juntos, constituyen un sistema de comunidad artística, literaria y fenomenológica simbólica del imaginario colectivo.

La cubanidad, por consiguiente, no se proyecta en un nacionalismo militante sino en una convocatoria cultural *sans phrase* de la cultura nacional. Lo que hoy llamamos el espíritu de la cubanidad es, en término racional, una tecno-idealización de la defensa ante el mundo; pero el espíritu en este contexto no colma tal enunciado. El espíritu de la cubanidad es un medio de comunicación entre la enfermedad de la cultura y el *sorge*. Quienes intenten transitar por el exotérico fenómeno de la realidad y el sueño se toparán con que el espíritu cubano es la forma de vida en los medios contemporáneos.

ELÍAS ENTRALGO

La cubanidad, un pedazo social humano

Todo parece indicar que la existencia de la sociografía local, lejos de decaer, se vigoriza y crece en la cultura de la postguerra. Le antecede factores y valores desarrollados durante el periodo histórico entre las dos décadas que van del final de la primera guerra mundial al comienzo de la segunda. En esa época se fomentaron en Europa movimientos revolucionarios con aspiraciones, o al menos pretensiones, de universalidad. En definitiva, se replegaron en un superior reconocimiento de la Nación. Y es que esta última no comporta una mera forma política, sino que constituye la culminación de un largo y complicado proceso sociológico, condicionados por radicales esencias humanas. El impulso diversificador del espíritu del hombre es su núcleo inicial y atómico. Gracias a ello la psiquis humana no perece de monotonía, y, por el contrario, extrae de esa gran reserva su vitalidad creadora y transmutadora para luchar contra la Naturaleza y superarla. De ahí brotan las expresiones distintivas: la raza, que planta; la lengua, que sostiene y defiende; la costumbre, que facilita; la tradición, que recuerda; la institución, que trasciende; la cultura, que comprende y define.

Creo necesario también un breve esclarecimiento sobre la última parte del título de este trabajo, es decir, acerca de la palabra cubanidad. Es un neologismo que ha venido a satisfacer en Cuba, como anteriormente en la Argentina, en

España y en otros países de cultura hispánica, una necesidad expresiva del idioma. Antes de que, entre nosotros, se usara y abusara de él con propósitos exaltativos o peyorativos de índole partidarista, ya se aprovechaba con elevadas miras de objetiva interpretación intelectual*. Doy ahora el sentido de cubanidad al pedazo social humano que ha evolucionado sobre el territorio de la isla de Cuba.

Texto tomado de *Períoca sociográfica de la cubanidad*

Ediciones Exodus

La presente edición de
La Cubanidad. 57 Autores, 57 definiciones
se realizó entre Barcelona y Miami
en octubre de
2017

Edición conmemorativa para la
I Convención de la Cubanidad
Miami, enero del 2018